B

be動詞の現在の

点

／100点

1 （　）内から適する語句を選び，◯で囲みなさい。 (4点×3)

(1) You and Lisa（is, am, are）in the same class.

(2) I'm（am not, don't, not）a soccer fan.

(3)（Is, Are, Does）your sister a good tennis player?

2 日本文に合うように，（　）に適する語を入れなさい。 (6点×6)

(1) これらの本は新しくありません。These books（　　　　　）new.

(2) 彼らは有名な歌手ですか。（　　　　　）they famous singers? 有名な

(3) 野球は私たちのクラスで人気があります。

Baseball（　　　　　）（　　　　　）in our class.

(4) 彼は英語の先生ではありません。

（　　　　　）（　　　　　）an English teacher.

3 （　）に適する語を入れて，会話文を完成しなさい。 (6点×5)

(1) A:（　　　　　）that?

B: It's a hospital.

(2) A:（　　　　　）（　　　　　）from Canada?

B: No, I'm not. I'm from America.

(3) A: Is that your book?

B:（　　　　　），（　　　　　）is. It's mine.

4 日本文に合う英文になるように，（　）内の語を並べかえなさい。 (11点×2)

(1) これは私のいちばん好きな物語です。（my, is, story, this, favorite）

(2) エイミーの靴はむこうにあります。（there, shoes, are, over, Amy's）

得点UP

3 (2)答えの文の主語から，問いの文の主語を何にすればよいかを考える。

4 (1)「これは～です。」は This is ～. で表す。

一般動詞の現在の文

1 （　）内から適する語を選び，◯で囲みなさい。 (5点×4)

(1) I often （am, play, like） the piano at school.

(2) Ms. Smith （go, goes, going） to the park every day.

(3) What subjects （do, does, are） you like?
　 —We all （like, likes, are） science.
　　　　　　　　　　　　　　　 理科, 科学
（教科, 科目）

2 日本文に合うように，（　）に適する語を入れなさい。 (7点×6)

(1) 由紀は犬を2ひき飼っています。　Yuki （　　　　　　　） two dogs.

(2) サムとエミリーはにんじんがあまり好きではありません。
　 Sam and Emily （　　　　　　） （　　　　　　） carrots very much.

(3) あなたのお父さんは車を運転しますか。— はい。母も運転します。
　 （　　　　　　　） your father drive a car?
　 —Yes, （　　　　　） （　　　　　　）. My mother does, too.

3 日本文に合う英文になるように，（　）内の語を並べかえなさい。 (9点×2)

(1) 彼は夕食後に宿題をします。
　 He （homework, dinner, does, after, his）.
　 He _____.

(2) あなたは放課後，どこでテニスを練習しますか。
　 （you, tennis, where, practice, do） after school?
　 _____ after school?

4 〔　〕内の語句を使って，日本文の意味を表す英文を書きなさい。 (10点×2)

(1) 健(Ken)は毎週日曜日の朝に英語を勉強します。〔Sunday morning〕

_____

(2) ケイト(Kate)はかばんに1冊も本を持っていません。〔any, her bag〕

_____

得点UP
3 (2)疑問詞は文の最初に置き，そのあとに一般動詞の疑問文の形（do you ～?）を続ける。
4 (1)主語が3人称単数で現在の文のとき，一般動詞は語尾に -(e)s がついた形になる。

一般動詞の過去の文(規則動詞)

1 〔　　〕内の動詞を適する形にかえて，（　　）に入れなさい。　　　(6点×3)

(1)　I（　　　　　　　　）Yuka last night.　　〔call〕

(2)　She（　　　　　　　）to school last Friday.　　〔walk〕

(3)　Mike（　　　　　　）my bag to the room yesterday.　〔carry〕

2 日本文に合うように，（　　）に適する語を入れなさい。　　　(6点×7)

(1)　そのバスは突然，止まりました。　The bus（　　　　　　　）suddenly.

(2)　昨日は雨が降りました。（　　　　　　）（　　　　　　　）yesterday.
　　　　　　　　　　　　　　　　　　　　　　　　突然, 急に

(3)　リサは3日前，おじさんの家に滞在しました。

　　　Lisa（　　　　　　　）with her uncle three days（　　　　　　　）.

(4)　彼らは昨夜，パーティーを楽しみました。

　　　They（　　　　　　　）the party（　　　　　　）night.

3 日本文に合う英文になるように，（　　）内の語を並べかえなさい。　　　(9点×2)

(1)　エイミーは今朝，由紀を訪問しました。Amy（ Yuki, this, visited, morning ）.

　　　Amy _____.

(2)　私は昨日の午後にこの辞書を使いました。

　　　I（ afternoon, used, dictionary, this, yesterday ）.
　　　　　　　　　　　　辞書

　　　I _____.

4 〔　　〕内の語句を使って，日本文の意味を表す英文を書きなさい。　　　(11点×2)

(1)　由美(Yumi)のおばは2020年にロンドンに住んでいました。

　　　　　　　　　　　　　　　　　　　　〔 in London, in 2020 〕

　　　_____

(2)　私は2週間前，図書館で数学を勉強しました。　〔the library, ago〕

　　　_____

得点UP

1 過去を表す語句があるときは，動詞は**過去形**にする。

4 動詞の過去形は，主語に関係なく形は**同じ**。

過去の文②

一般動詞の過去の文（不規則動詞）

月　　日

点

合格点：80点／100点

1 次の動詞の過去形を書きなさい。　　　　　　　　　　　　(5点×6)

(1) see （　　　　　）　　　(2) fly （　　　　　）

(3) buy （　　　　　）　　　(4) say （　　　　　）

(5) teach （　　　　　）　　　(6) sit （　　　　　）

2 （　　）内から適する語を選び，○で囲みなさい。　　　(5点×3)

(1) Yesterday, she （ come, came, comes ） to school by bike.

(2) Bob （ send, sent, sends ） an e-mail to his grandma last night.
おばあちゃん

(3) Maki （ leave, leaving, left ） for Sydney this morning.

3 日本文に合うように，（　　）に適する語を入れなさい。　　(5点×7)

(1) 健と私はケーキを作りました。　Ken and I （　　　　　　） a cake.

(2) 1時間前，彼は久美に手紙を書きました。

He （　　　　　　） a letter to Kumi an hour （　　　　　　）.

(3) 私は6時に起きて，10時に寝ました。

I （　　　　　） up at six and （　　　　　） to bed at ten.

(4) 私たちはこの前の夏，とても楽しい時を過ごしました。

We （　　　　　） a very good （　　　　　　） last summer.

4 日本文に合う英文になるように，（　　）内の語を並べかえなさい。　　(10点×2)

(1) 彼女は公園で写真を撮りました。　（ pictures, the, she, park, in, took ）

_____

(2) 私は妹に新しい人形をあげました。

I （ new, my, doll, sister, gave, a, to ）.
人形

I _____ .

得点UP

1 いずれも不規則動詞。不規則動詞の過去形は1語1語不規則に変化する。

4 (2)「(人)に(物)をあげる」は〈give＋物＋to＋人〉の語順で表す。

一般動詞の疑問文・否定文

月　日

点

合格点：**74** 点／100点

1 （　）内から適する語句を選び，○で囲みなさい。　　　(5点×4)

(1) （ Is, Does, Did ） Aya take pictures at the zoo yesterday?

(2) Did you （ visit, visiting, visited ） Kyoto last year?

(3) Ms. Ito （ don't, doesn't, didn't ） live in Tokyo now.

(4) I （ am not, don't, didn't ） watch the TV show last night.

2 （　）に適する語を入れて，会話文を完成しなさい。　　　(7点×6)

(1) *A :* Did you go to the festival on Sunday, Meg?
　　B : Yes, （　　　　　）（　　　　　）. I went with Ben.

(2) *A :* Did Lucy and Yuka play tennis together last week?
　　B : No, （　　　　　）（　　　　　）. They played badminton.

(3) *A :* Where （　　　　　） Satomi study after school yesterday?
　　B : She （　　　　　） at the library.

3 日本文に合う英文になるように，（　）内の語を並べかえなさい。　(9点×2)

(1) 昨夜この本を読みましたか。（ you, book, read, this, did ） last night?
_____ last night?

(2) マイクは今日，学校でヒロを見かけませんでした。
Mike （ not, see, at, Hiro, did, school ） today.
Mike _____ today.

4 〔　〕内の語句を使って，日本文の意味を表す英文を書きなさい。　(10点×2)

(1) あなたは今朝，ねぼうしたのですか。〔 late, this morning 〕
_____

(2) 友里(Yuri)はいつ宿題をしたのですか。〔 When, her homework 〕
_____

得点UP　**1** (1)(2)(4)時を表す語句に注目。yesterday や last year[night]は過去を表すので，**過去の文**にする。
4 (1)「ねぼうする」= get up late。

START　　　　　　　　　　　　　　　　　GOAL

be動詞の過去の文

1 （　　）に was か were の適するほうを入れなさい。　　　　(6点×3)

(1) I （　　　　　） busy yesterday.

(2) My sisters （　　　　　） very tired at that time.
そのとき

(3) Ms. White （　　　　　） in Canada five years ago.

2 日本文に合うように，（　　）に適する語を入れなさい。　　　　(6点×7)

(1) 彼らはそのとき部屋にいました。

They （　　　　　） in the room then.

(2) 昨日はとても暑かった。

It （　　　　　） very hot （　　　　　）.

(3) 私のおじいちゃんは昨年90歳でした。
おじいちゃん

My grandpa （　　　　　） ninety years old （　　　　　） year.

(4) 私の両親は1985年生まれです。
親〔複数形で「両親」〕

My parents （　　　　　） born （　　　　　） 1985.

3 日本文に合う英文になるように，（　　）内の語を並べかえなさい。　　(8点×2)

(1) あなたのペンは箱の中にありました。 （ was, box, your, in, pen, the ）

_____

(2) ジョシュと健はそのとき空腹でした。

Josh and Ken （ at, hungry, that, were, time ）.
空腹の

Josh and Ken _____.

4 〔　　）内の語を使って，日本文の意味を表す英文を書きなさい。　　(12点×2)

(1) 私は 3 日前，病気で寝ていました。 〔 sick, ago 〕

_____

(2) 彼らは料理が得意でした。 〔 good, cooking 〕

_____

得点UP

1 was か were かは主語の人称と数によって使い分ける。(1)は1人称単数，(2)は3人称複数，(3)は3人称単数。

3 (1)「ある」「いる」の意味のときは，〈be動詞＋場所を表す語句〉の語順で表す。

be動詞の疑問文・否定文

合格点：**74** 点／100点

1　（　　）内から適する語を選び，◯で囲みなさい。　　　　（5点×4）

(1) （ Did, Is, Was ） it cold last night?

(2) Where （ did, were, are ） you at three yesterday?

(3) Jack （ wasn't, weren't, didn't ） at home yesterday.

(4) The people in the park （ wasn't, weren't, didn't ） students.

2　（　　）に適する語を入れて，会話文を完成しなさい。　　　　（7点×6）

(1) *A :* Was this T-shirt fifteen dollars last week?

　　B : No, it （　　　　　　）. It （　　　　　　） ten dollars.

(2) *A :* Were Judy and Eri in the same class last year?

　　B : Yes, （　　　　　　） （　　　　　　）. They were good friends.

(3) *A :* （　　　　　　） （　　　　　　） the weather yesterday?
　　　　　　　　　　　　　　　　　　　　　天気，天候

　　B : It snowed a lot.

3　日本文に合う英文になるように，（　　）内の語句を並べかえなさい。　　（9点×2）

(1) 音楽に興味がありましたか。　（ in, you, music, interested, were ）

_____

(2) 私の父は10分前は台所にいませんでした。

My father （ ago, in, ten, wasn't, the kitchen, minutes ）.

My father _____.

4　〔　　〕内の語を使って，日本文の意味を表す英文を書きなさい。　　（10点×2）

(1) 私は今日，学校に遅刻しませんでした。　〔 late, today 〕

_____

(2) これらの問題は難しかったですか。　〔 questions, difficult 〕

_____

得点UP

3 (1)「～に興味がある」は be interested in ～。be 動詞の過去の疑問文。

4 be 動詞の文では，否定文は be 動詞のあとに not を置き，疑問文は be 動詞を主語の前に出す。

過去進行形の文

月　　日

点

合格点：78 点／100 点

1 （　）内から適する語句を選び，○で囲みなさい。 (6点×4)

(1) We （are, was, were） singing an English song then.

(2) It was （rain, rained, raining） in Aomori.

(3) My dog （was, were, is） sleeping on my bed now.

(4) He （walks, is walking, was walking） in the park then.

2 〔　〕内の動詞を適する形にかえて，（　）に入れなさい。 (6点×3)

(1) Emi was （　　　　　） under the tree. 〔 sit 〕

(2) Bob was （　　　　　） the computer at ten. 〔 use 〕

(3) They were （　　　　　） lunch then. 〔 have 〕

3 日本文に合うように，（　）に適する語を入れなさい。 (6点×8)

(1) 私はそのとき音楽を聞いていました。

I （　　　　　） （　　　　　） to music then.

(2) 母と私はプールで泳いでいました。

My mother and I （　　　　　） （　　　　　） in a pool.
プール

(3) 私の姉はそのとき手紙を書いていました。

My sister （　　　　　） （　　　　　） a letter at that time.

(4) 彼女は顔を洗っていました。

She （　　　　　） （　　　　　） her face.

4 日本文に合う英文になるように，（　）内の語句を並べかえなさい。 (10点)

昨夜 7 時，エミリーはポール(Paul)と話をしていました。

Emily （Paul, last night, talking, at seven, with, was）.

Emily _____.

得点UP

1 進行形は〈be動詞＋動詞の ing 形〉の形。主語と時制(現在か過去か)によって be 動詞を使い分ける。

2 (1) 〈短母音＋子音字〉で終わる語は，語尾の 1 字を重ねて ing をつける。

START ○────────　　　　　　　　　　　　　　　　　　　　　GOAL

No. 09　過去進行形②

過去進行形の疑問文・否定文

月　　日

点

合格点：**75** 点／100 点

---

1 日本文に合うように，（　）に適する語を入れなさい。　(6点×6)

(1) 私の父はそのとき公園を走っていませんでした。

My father（　　　　　）（　　　　　　　） in the park then.

(2) あなたは昨日の午後は何をしていましたか。

What（　　　　　） you（　　　　　　） yesterday afternoon?

(3) 私は母を手伝っていました。〔(2)の答えの文〕

I（　　　　　）（　　　　　　　） my mother.

2 （　）に適する語を入れて，会話文を完成しなさい。　(7点×4)

(1) *A：* Was Jun making dinner?

B：（　　　　　）, he（　　　　　　）. He was reading a book.

(2) *A：*（　　　　　）（　　　　　　） watching TV then?

B： Yes, we were.

3 日本文に合う英文になるように，（　）内の語句を並べかえなさい。　(8点×2)

(1) 私たちはそのとき星は見ていませんでした。

We（ then, weren't, the stars, looking at ）.

We _____.

(2) むこうで泣いていたのはだれですか。（ over, crying, who, was ） there?

_____ there?

4 〔　〕内の語句を使って，日本文の意味を表す英文を書きなさい。　(10点×2)

(1) 私たちはカフェで話していたのではありません。〔 talking, the cafe 〕

_____

(2) あなたはそのとき，何を勉強していたのですか。〔 what, at that time 〕

_____

得点UP

3 (2)「だれがむこうで泣いていましたか。」と考える。**疑問詞が主語**になる疑問文。

4 (2) what で文を始め，動詞 study の ing 形を使う。

START ○————○————🐄————・・・　　　　　　　　　　　　　　　　GOAL

月　日

点

合格点：76 点／100 点

まとめテスト①

1 〔　〕内の動詞を適する形にかえて，（　）に入れなさい。　(4点×4)

(1) Mike and I (　　　　　) in London last summer. 〔 be 〕

(2) Were you (　　　　　) lunch in the kitchen? 〔 make 〕

(3) I (　　　　　) to New York at six yesterday. 〔 get 〕

(4) Hiroshi (　　　　　) a cold yesterday. 〔 have 〕

2 （　）に適する語を入れて，会話文を完成しなさい。　(5点×6)

(1) A :（　　　　　）（　　　　　） come home at five, Meg?

　　B : Yes, I did, but Paul came home at six.

(2) A :（　　　　　）（　　　　　） Tom at that time?

　　B : He was in the park. He was playing soccer there.

(3) A : Was the concert fun?

　　B : Yes, (　　　　　)(　　　　　). I enjoyed it very much.
　　　　　　　　　　　　楽しみ

3 日本文に合うように，（　）に適する語を入れなさい。　(5点×6)

(1) 次郎はそのとき国語を勉強していませんでした。

　　Jiro (　　　　　)(　　　　　) Japanese then.

(2) 彼女たちは昨年，高校生でした。

　　They (　　　　　) high school students (　　　　　) year.

(3) 美香は今朝，リサにEメールを書きました。

　　Mika (　　　　　) an e-mail to Lisa (　　　　　) morning.

4 〔　〕内の語句を使って，日本文の意味を表す英文を書きなさい。　(12点×2)

(1) 私は昨日，手紙を1通も受け取りませんでした。　〔 receive, any 〕

_____

(2) 昨夜のパーティーはどうでしたか。　〔 how, last night 〕

_____

未来の文①

be going to ～の文

1 （　）内から適する語句を選び，○で囲みなさい。 (4点×4)

(1) I'm (going, going to, go to) watch a baseball game.

(2) We (is, are, am) going to travel abroad someday.
　　　　　　　　　　　　　　　外国に

(3) She's going to (clean, cleaning, cleaned) her room tomorrow.

(4) Today, (he will, he, he's) going to practice judo.
　　　　　　　　　　　　　　　　練習する

2 日本文に合うように，（　）に適する語を入れなさい。 (6点×11)

(1) 私は来年，自転車を買います。

　　（　　　　　　）going to （　　　　　　）a bike （　　　　　　）year.

(2) 私の父は今晩，夕食を作るつもりです。

　　My father （　　　　　　）（　　　　　　）to cook dinner tonight.
　　　　　　　　　　　　　　　　　　　　　　　　　　　　　　　今晩

(3) 彼らは来月，奈良を訪れます。

　　They （　　　　　　）going （　　　　　　）visit Nara next month.

(4) アンディーは将来，先生になるつもりです。

　　Andy is going （　　　　）（　　　　　）a teacher in the future.
　　　　　　　　　　　　　　　　　　　　　　　　　　　　　　未来，将来

(5) 私たちは泳ぎに行くつもりです。

　　We （　　　　　　）going to （　　　　　　）swimming.

3 日本文に合う英文になるように，（　）内の語句を並べかえなさい。 (9点×2)

(1) 明日，ニックは駅で由美に会います。

　　Nick (to, Yumi, the station, is, at, going, meet) tomorrow.

　　Nick _____ tomorrow.

(2) 私は金曜日までに宿題を終えるつもりです。

　　(my homework, to, I'm, finish, going) by Friday.
　　　　　　　　　　　　　終える　　　　　　　　　　～までに

　　_____ by Friday.

得点UP
1 (3) to に続く動詞は，主語が3人称単数でも必ず**原形**になる。
2 (5) be going to の be は，主語の人称と数に合わせて使い分ける。

未来の文②

be going to ～ の疑問文・否定文

月　　日

点

合格点 : **74** 点／100点

1 日本文に合うように，（　　　）に適する語を入れなさい。　　　　　　　　(4点×11)

(1) 健と私はそこへは行くつもりはありません。

Ken and I （　　　　　　）（　　　　　　） to go there.

(2) 彼は私たちのクラブに参加しますか。

（　　　　　　） he going to （　　　　　　） our club?

(3) 私はこの人形を捨てるつもりはありません。

（　　　　　　）（　　　　　　） going to throw away this doll.

(4) あなたはサムにEメールを送りますか。 ― はい，送ります。

（　　　　　　） you going （　　　　　　） send an e-mail to Sam?

― Yes, I （　　　　　　）.

(5) エイミーはどのくらいここに滞在するつもりですか。

（　　　　　　） long （　　　　　　） Amy going to stay here?

2 （　　　）に適する語を入れて，会話文を完成しなさい。　　　　　　　　(5点×8)

(1) A : Is Yuki going to study Spanish?

B : No, （　　　　　　）（　　　　　　）. She's going to study French.

(2) A : （　　　　　　） you going to practice soccer after school?

B : Yes, we （　　　　　　）. We practice every day.

(3) A : What （　　　　　　） you going to （　　　　　　） tomorrow?

B : I'm （　　　　　　）（　　　　　　） go shopping.

3 〔　　　〕内の語句を使って，日本文の意味を表す英文を書きなさい。　　(8点×2)

(1) 彼は今夜，すしを食べるつもりはありません。 〔 eat sushi, tonight 〕

(2) あなたは明日，妹を手伝うつもりですか。 〔 your sister 〕

得点UP

2 (3)明日にすることをたずねる文にする。答えの文でも be going to ～ を使う。

3 be going to ～ の文の否定文，疑問文の作り方は，ふつうの be 動詞の文と同じ要領。

未来の文③

will の文

1 （　）内から適する語句を選び，○で囲みなさい。　　　　(4点×3)

(1) Aki (is, will, was) go to City Hall tomorrow.
　　　　　　　　　　　　　　　市役所

(2) Hurry up. You (be, were, will be) late for school.
　　　急ぐ

(3) She'll (call, calls, calling) Meg tonight.

2 日本文に合うように，（　）に適する語を入れなさい。　　　(6点×6)

(1) 彼のスピーチは3時30分に始まります。

His speech (　　　　　) (　　　　　　) at 3:30.
　　　　　　スピーチ, 演説

(2) 私は12月に14歳になります。

I (　　　　　) (　　　　　　) fourteen in December.

(3) エイミーは今週の日曜日はベンと勉強をするでしょう。

Amy (　　　　　) (　　　　　　) with Ben this Sunday.

3 日本文に合う英文になるように，（　）内の語を並べかえなさい。　(12点×2)

(1) あなたはこの本を楽しむでしょう。

You (enjoy, book, this, will).

You _____.

(2) 私たちのおばは来年の夏に東京にもどってくるでしょう。

Our aunt (Tokyo, come, will, next, to, back) summer.

Our aunt _____ summer.

4 will を使って，日本文の意味を表す英文を書きなさい。　　(14点×2)

(1) 明日は雨が降るでしょう。

_____

(2) ボブ(Bob)は今週末，家にいるでしょう。

_____

得点UP

1 (3) She'll は She will の短縮形。助動詞 will に続く動詞は原形になる。

2 (2) I am fourteen 〜. という文を未来の文にかえると考える。am の原形に注意。

未来の文④

will の疑問文・否定文

月　　日

点

合格点: **74** 点 / 100 点

1 日本文に合うように，（　　）に適する語を入れなさい。　(6点×6)

(1) 彼はそのかばんを買わないでしょう。　He（　　　　　　　）buy the bag.

(2) 彼らは今年の冬，スキーをしますか。（　　　　　　　）they ski this winter?

(3) エミリーは今日の午後，テニスの練習をしますか。— はい，するでしょう。

（　　　　　　）Emily（　　　　　　）tennis this afternoon?

—（　　　　　　　），she（　　　　　　　）.

2 （　　）に適する語を入れて，会話文を完成しなさい。　(6点×4)

(1) A : Will you be at home at 8 p.m. tonight, Akira?

B : No, （　　　　　　）（　　　　　　　　）. I'll be at Ai's house.

(2) A : （　　　　　　　）（　　　　　　　）Lisa visit Kyoto?

B : She'll visit Kyoto in April.

3 日本文に合う英文になるように，（　　）内の語を並べかえなさい。　(9点×2)

(1) バスはここにすぐには来ないでしょう。

(be, bus, won't, here, the) soon.

_____ soon.

(2) 今週末，横浜はくもりですか。

(in, be, will, it, Yokohama, cloudy) this weekend?
　　　　　　　　　　　　くもった

_____ this weekend?

4 will を使って，日本文の意味を表す英文を書きなさい。　(11点×2)

(1) 健(Ken)は来月，おじを訪ねないでしょう。

_____

(2) そのコンサートではだれがピアノを演奏するのですか。

_____

得点UP

2 (1) Will 〜? の疑問文には，will を使って答える。短縮形を使うことも考える。

4 (2)「だれがピアノを演奏するのか」と「人」をたずねる疑問文にする。

未来の文

まとめテスト②

1 （　　）に適する語を入れて，会話文を完成しなさい。　　　　　　(4点×7)

(1) A :（　　　　　　　） you be free tomorrow?

B : No, I （　　　　　　　）. I have piano lessons.

(2) A : Is your brother going to visit New York?

B :（　　　　　　　）, he （　　　　　　　）.

He's going to see his friends there.

(3) A :（　　　　　　　） will the weather be next Sunday?

B : It （　　　　　　） （　　　　　　　） sunny.

2 日本文に合うように，（　　）に適する語を入れなさい。　　　　　　(6点×6)

(1) 彼女たちはパーティーに来るつもりです。

（　　　　　　） （　　　　　　　） to come to the party.

(2) 私たちは彼を公園に連れて行くつもりはありません。

We （　　　　　　） （　　　　　　　） to take him to the park.

(3) 私の兄は来年，医者になるでしょう。

My brother （　　　　　　） （　　　　　　　） a doctor next year.

3 〔　　〕内の語句を使って，日本文の意味を表す英文を書きなさい。　　(9点×4)

(1) 彼女は今夜，私に電話をしてこないでしょう。　〔 will, tonight 〕

_____

(2) ビリー(Billy)は明日，何時に家を出ますか。　〔 is, leave home 〕

_____

(3) マイク(Mike)はこの本を明日読むのですか。　〔 will, this book 〕

_____

(4) 私は今週末，そこに行くつもりはありません。〔 to go, this weekend 〕

_____

助動詞①

have to ～の文

合格点：**76**点／100点

月　　日

点

1 （　　）内から適する語句を選び，◯で囲みなさい。　(4点×3)

(1) I (have, have to, has to) go home soon.

✐(2) (Have, Do, Does) your sister have to make dinner tonight?

(3) We (don't, don't have, doesn't have) to hurry.
急ぐ

2 日本文に合うように，（　　）に適する語を入れなさい。　(7点×6)

(1) アンは宿題を5時までに終わらせなければなりません。

Ann （　　　　　　）（　　　　　　　　） finish her homework by five.
～までに

✐(2) 彼は今日は部屋を掃除しなくてもいいのです。

He （　　　　　　）（　　　　　　　　） to clean his room today.

(3) 久美は昨日，父親の車を洗わなければなりませんでした。

Kumi （　　　　　　） to （　　　　　　） her father's car yesterday.

3 （　　）に適する語を入れて，会話文を完成しなさい。　(6点×4)

(1) A : Does Mr. Hill have to go there?

B : Yes, （　　　　　　）（　　　　　　）.

(2) A : Do I have to walk home today?

B : No, you （　　　　　　） have （　　　　　　）.

4 日本文に合う英文になるように，（　　）内の語を並べかえなさい。　(11点×2)

(1) 私の姉は今夜，英語を勉強しなければなりません。

My sister (English, to, has, tonight, study).

My sister _____.

(2) 私たちはミーティングに何を持っていかなければなりませんか。

(we, bring, have, what, do, to) to the meeting?

_____ to the meeting?

must, should の文

1 （　）内から適するほうを選び，○で囲みなさい。　　(6点×3)

(1) I must （make, makes） dinner. （私は夕食を作らなければなりません。）

(2) Ken （should, will） help his mother. （健は母を手伝うべきです。）

(3) You （won't, mustn't） use this bike. （この自転車を使ってはいけません。）

2 日本文に合うように，（　）に適する語を入れなさい。　　(7点×6)

(1) 絵里は 6 時までに宿題を終わらせなければなりません。

Eri （　　　　　　）（　　　　　　　　　） her homework by six.

(2) ここで食べてはいけません。

You （　　　　　　）（　　　　　　　） here.

(3) 私はもう出発するべきですか。— はい，出発するべきです。

（　　　　　　） I leave now? — Yes, you （　　　　　　）.

3 日本文に合う英文になるように，（　）内の語を並べかえなさい。　　(9点×2)

(1) あなたはメグにEメールを送るべきです。

You （e-mail, to, send, should, an） Meg.

You ＿＿＿＿＿＿＿＿＿＿＿＿＿＿＿＿＿＿＿ Meg.

(2) 私たちは授業中，日本語を話してはいけません。

We （Japanese, not, in, must, speak） class.

We ＿＿＿＿＿＿＿＿＿＿＿＿＿＿＿＿＿＿＿ class.

4 〔　〕内の語句を使って，日本文の意味を表す英文を書きなさい。　　(11点×2)

(1) 私たちはその問題に今答えるべきですか。　〔the question, now〕

＿＿＿＿＿＿＿＿＿＿＿＿＿＿＿＿＿＿＿＿＿＿＿＿＿

(2) ここでは写真を撮ってはいけません。　〔you, take pictures〕

＿＿＿＿＿＿＿＿＿＿＿＿＿＿＿＿＿＿＿＿＿＿＿＿＿

得点UP

2 (1) must, can, will などの助動詞は，**主語が何であっても形がかわることはない**。あとの**動詞は原形**。
4 助動詞を使った文では，助動詞を主語の前に出せば疑問文，助動詞のあとに not を置けば否定文になる。

may, shall などの文

1 （　）に will, shall, may のうち適するものを入れなさい。　(4点×3)

(1) （　　　　　） I clean the room?　（部屋を掃除しましょうか。）

(2) （　　　　　） I use your computer?　（コンピューターを使ってもいいですか。）

(3) （　　　　　） you teach English to me?（私に英語を教えてくれませんか。）

2 （　）に適する文を選び，記号を○で囲みなさい。　(5点×2)

(1) May I try this skirt on? ― （　　）
   try ~ on で「～を試着する」
　　ア　Sure.　　　イ　No, thank you.　　　ウ　Yes, I will.

(2) Will you lend this book to me? ― （　　） It's not mine.
　　　貸す
　　ア　OK.　　　イ　I'm sorry, I can't.　　　ウ　Yes, let's.

3 日本文に合うように，（　）に適する語を入れなさい。　(8点×7)

(1) 明日は雪が降るかもしれません。　It （　　　　　） snow tomorrow.

(2) 何時に会いましょうか。　What time （　　　　　） we meet?

(3) あなたの写真を見てもいいですか。

　　（　　　　　） I see your pictures?

(4) 私たちを動物園へ連れていってくれませんか。― いいよ。

　　（　　　　　）（　　　　　） take us to the zoo? ― OK.

(5) 明かりをつけましょうか。― ええ，お願いします。

　　（　　　　　）（　　　　　） turn on the light? ― Yes, please.
　　　　　　　　　　　（明かりなどを）つける

4 次の場面に合う英文を，〔　〕内の語句を使って作りなさい。　(11点×2)

(1) 写真を撮ってもいいかと許可を求めるとき。〔 may, a picture 〕

_____

(2) ドアを開けましょうかと申し出るとき。〔 shall 〕

_____

得点UP　**2** (1)「このスカートを試着してもいいですか」，(2)「この本を私に貸してくれませんか」の意味。
4 (1)「（私は）写真を撮ってもいいですか」，(2)「（私が）ドアを開けましょうか」という文を作る。

助動詞

まとめテスト③

1 （　　）内から適する語句を選び，○で囲みなさい。　　　　　　(4点×3)

(1) （Shall, Will, May）you say that again?

(2) It's sunny today. （Shall, Will, Have）we play tennis?

(3) I （must, have to, had to）stay home last night.

2 （　　）に適する語を入れて，日本文に合う会話文を完成しなさい。　　(5点×10)

(1) A : （　　　　　　　）you come to my house?（私の家へ来てくれませんか。）

　　B : （　　　　　　　）. I will come at five. （もちろん。5時に行きます。）

(2) A : （　　　　　　　）I eat this cake?　（このケーキを食べてもいい？）

　　B : Of （　　　　　　　）.　　　　　　（もちろんよ。）

(3) A : （　　　　　　　）I read this book?（この本を読まなければなりませんか。）

　　B : No, you （　　　　　　）（　　　　　　）to.

　　　　　　　　　　　　　　　　　（いいえ，その必要はありません。）

(4) A : （　　　　　　　）I bring some food?　（食べ物をお持ちしましょうか。）

　　B : No, （　　　　　　）（　　　　　　）.（いいえ，けっこうです。）

3 日本文に合う英文になるように，（　　）内の語を並べかえなさい。　(9点×2)

(1) あなたはみんなに親切であるべきです。

　　（be, everyone, to, should, you, kind）

_____

(2) この川で泳いではいけません。　（not, swim, must, river, this, in, you）

_____

4 〔　　〕内の語句を使って，日本文の意味を表す英文を書きなさい。　(10点×2)

(1) 私は明日，学校へ行かなければならないでしょう。　〔I'll, go to school〕

_____

(2) あなたにその本を送りましょうか。　〔the book, to you〕

_____

副詞的用法の不定詞

月　日

点

合格点：**77** 点／100 点

1 （　）内から適する語句を選び，○で囲みなさい。　(4点×3)

(1) She's going to get up early （ for, to, with ） practice the piano.

(2) Bob used the internet to （ did, doing, do ） his homework.

(3) I come home early （ cook, to cooks, to cook ） dinner.

2 日本文に合うように，（　）に適する語を入れなさい。　(6点×11)

(1) 私たちは東京へ行くのにあの電車に乗らなくてはなりません。

We must take that train （　　　　）（　　　　） to Tokyo.

(2) アンディーはカメラを買うためにお金をためています。

Andy is saving money （　　　　）（　　　　） a camera.

(3) 私はあなたにお会いできてとてもうれしいです。

I'm very （　　　　）（　　　　） meet you.

(4) あなたは教師になるために一生けんめいに勉強しましたか。

Did you study hard （　　　　）（　　　　） a teacher?

(5) 健はなぜアメリカを訪れたのですか。— 野球の試合を見るためです。

（　　　　） did Ken visit the U.S.?

—（　　　　）（　　　　） a baseball game.

3 日本文に合う英文になるように，（　）内の語を並べかえなさい。　(11点×2)

(1) 彼らは卵を売りに市場へ行きます。

They （ market, sell, go, the, to, to ） eggs.
市場

They ＿＿＿＿＿＿＿＿＿＿＿＿＿＿＿＿＿＿ eggs.

(2) その知らせを聞いて彼女は驚きましたか。

（ hear, she, surprised, to, was ） the news?
驚いた

＿＿＿＿＿＿＿＿＿＿＿＿＿＿＿＿＿ the news?

得点UP

1 〈to ＋動詞の原形〉には，「〜するために」の意味で動作の目的を表す用法がある。

2 (3)副詞的用法の不定詞は，「〜して」の意味で感情の原因や理由を表すこともある。

不定詞／動名詞②

名詞的用法の不定詞

1 （　）内から適する語句を選び，○で囲みなさい。　　　(4点×3)

(1) I like (listen, for listening, to listen) to rock music.
　　　　　　　　　　　　　　　　　　　　　ロック（音楽）

(2) Ms. White tried to (ate, eating, eat) *natto*.

(3) I want to (am, be, do) a singer in the future.

2 日本文に合うように，（　）に適する語を入れなさい。　　(6点×12)

(1) 雨が降り始めました。　It （　　　　　　）（　　　　　　） rain.

(2) ボブはテレビを見るのが好きです。

　　Bob （　　　　　　）（　　　　　　） watch TV.

(3) 真紀はこの本を読みたがっていました。

　　Maki （　　　　　　）（　　　　　　） read this book.

(4) 私の願いはジムとテニスをすることです。
　　願い

　　My wish is （　　　　　　）（　　　　　　） tennis with Jim.

(5) 私の大好きなことは詩を書くことです。

　　My favorite thing is （　　　　　　）（　　　　　　） poems.
　　　　　　　　　　　　　　　　　　　　　　　　　　　　　　詩

(6) 彼は今日，宿題をする必要があります。

　　He needs （　　　　　　）（　　　　　　） his homework today.

3 日本文に合う英文になるように，（　）内の語を並べかえなさい。　(8点×2)

(1) 私はいつかあなたに会うことを願っています。

　　(you, to, I, meet, hope) someday.
　　　　　　　～を望む

　　_____ someday.

(2) あなたは英語を勉強するのが好きですか。

　　(you, study, do, to, like) English?

　　_____ English?

得点UP

1 不定詞は主語や時制に関係なく，〈to ＋動詞の原形〉の形になる。

2 (4)(5)名詞的用法の不定詞は，be 動詞のあとにくることもある。

不定詞／動名詞③

形容詞的用法の不定詞

月　　日

点

合格点：**78** 点／100点

1 日本文に合うように，（　　）に適する語を入れなさい。　　　　(5点×10)

(1) 私は何冊か読む本がほしい。

I want some books （　　　　　　）（　　　　　　）.

(2) 寝る時間です。 It's （　　　　　　）（　　　　　　） go to bed.

(3) アンディーには，しなければならない宿題がたくさんあります。

Andy has a lot of homework （　　　　　　）（　　　　　　）.

(4) 何か飲む物がほしいです。

I want （　　　　　　）（　　　　　　） drink.

(5) 美香は何もすることがありませんでした。

Mika didn't have （　　　　　　）（　　　　　　） do.

2 （　　）内から適する語句を選び，○で囲みなさい。　　　　(7点×2)

(1) Mr. Smith has some （ work to do, to do work ） today.

(2) Amy wanted （ something hot to eat, hot something to eat ）.

3 日本文に合う英文になるように，（　　）内の語句を並べかえなさい。　　(12点×3)

(1) 私たちの町には訪れるべきところがたくさんあります。

Our town （ places, visit, has, to, a lot of ）.

Our town _____.

(2) 彼にはテレビゲームをする時間がありませんでした。

He （ no, play, to, had, time ） video games.

He _____ video games.

(3) あなたは何か書くものが必要ですか。

Do （ to, you, anything, need, write ） with?

Do _____ with?

✎ 得点UP

1 (4)(5)〈to＋動詞の原形〉は名詞だけではなく，something などの代名詞を後ろから修飾することもある。

3 形容詞的用法の不定詞は，〈（代）名詞＋to＋動詞の原形～〉の語順になる。

いろいろな不定詞

月　日

点

合格点: **74** 点／100点

1 （　）内から適する語句を選び，○で囲みなさい。　　　(5点×4)

(1) Yuka didn't know how (make, to make, making) beef stew.

(2) Do you know (when to, where to, what to) buy the ticket?
— Yes, it's over there.

(3) It is easy (for, to, by) Ken to read English books.

(4) The tea was (to hot, too hot, so hot) to drink.

2 日本文に合うように，（　）に適する語を入れなさい。　　　(7点×6)

(1) 私はどちらを選べばよいか決められません。
I can't decide (　　　　　) (　　　　　) choose.

(2) ボブはもう遅刻しないと約束しました。
Bob promised (　　　　　) to (　　　　　) late again.

(3) オンラインゲームをすることはおもしろいです。
(　　　　　) is fun (　　　　　) play online games.

3 （　）に適する語を入れて，会話文を完成しなさい。　　　(5点×4)

(1) A : Could you tell me (　　　　　) (　　　　　) get to the park?
B : Sure. Go straight and turn right at the first corner.

(2) A : Did you get the jacket?
B : No. It was (　　　　　) expensive for me (　　　　　) buy.

4 〔　〕内の語句を使って，日本文の意味を表す英文を書きなさい。　　　(9点×2)

(1) かぜをひかないように気をつけてくださいね。　〔 be careful, catch 〕

(2) この問題を解くことは私には難しいです。　〔 it, solve this problem 〕

得点UP

3 (2)「それは私には（値段が）高すぎて買えなかった。」という文に。

4 (1)〈to＋動詞の原形〉を否定するときは，ふつう to のすぐ前に not をおく。

動名詞

月　　日

点

合格点：**78** 点／100 点

1 〔　　〕内の動詞を必要があれば適する形にかえて，（　　）に入れなさい。(5点×4)

(1) I finished （　　　　　　　） a chair. 〔 make 〕

(2) Did you enjoy （　　　　　　　） in the park? 〔 run 〕

(3) Jun didn't want to （　　　　　　　） breakfast. 〔 have 〕

(4) She's good at （　　　　　　　） the guitar. 〔 play 〕
　　　〜が得意である

2 日本文に合うように，（　　）に適する語を入れなさい。 (6点×10)

(1) 私は海外旅行をするのが好きです。

I （　　　　　　　） （　　　　　　　） abroad.

(2) リサはレポートを書き終わらないでしょう。

Lisa won't （　　　　　　） （　　　　　　　） the report.
　　　　　　　　　　　　　　　　　　　　　　　レポート

(3) ケイトは友だちとおしゃべりをして楽しみましたか。

Did Kate （　　　　　　） （　　　　　　　） with her friends?

(4) 日本語を話すことはベンにとっては簡単です。

（　　　　　　　） Japanese （　　　　　　） easy for Ben.

(5) 彼らは部屋を掃除するのをやめました。

They （　　　　　　） （　　　　　　　） the room.

3 日本文に合う英文になるように，（　　）内の語句を並べかえなさい。 (10点×2)

(1) 私はまもなくこの本を読み終えるでしょう。

(this, I'll, reading, book, finish) soon.

_____ soon.

(2) 外国の文化について学ぶことはとても大切です。

(very, is, foreign cultures, important, about, learning)
　　　　　　　　外国の

_____

得点UP

1 (4)前置詞に続く動詞は原形ではなく，〜ing の形（動名詞）を使う。

2 (4)動名詞は文の**主語**としても使われる。主語になる動名詞は**3人称単数**として扱う。

まとめテスト④

1 〔　　〕内の動詞を適する形にかえなさい。ただし，2語の場合もあります。(4点×3)

(1) I hope （　　　　　　） America someday. 〔 visit 〕

(2) Did you finish （　　　　　　） the book? 〔 read 〕

(3) He stopped （　　　　　　） TV and studied math. 〔 watch 〕

2 日本文に合うように，（　　）に適する語を入れなさい。 (5点×8)

(1) 私はあなたにお会いしたいです。I （　　　　　） （　　　　　） see you.

(2) 理恵は英語で歌うことに興味があります。

Rie is interested （　　　　　） （　　　　　） in English.

(3) 私はカレーの作り方がわかりません。

I don't know （　　　　　） （　　　　　） make curry.

(4) フランス語を学ぶことは私には難しいです。

It is difficult （　　　　　） me （　　　　　） learn French.

3 日本文に合う英文になるように，（　　）内の語句を並べかえなさい。 (8点×3)

(1) 生徒たちは10分後に走り始めるでしょう。

(to, start, the students, run, in, will, ten minutes)

(2) 何を買えばよいかわかりませんでした。(didn't, buy, know, I, to, what)

(3) 動物にとってよく眠ることは重要です。

(important, animals, sleep well, to, for, is, it)

4 〔　　〕内の語句を使って，日本文の意味を表す英文を書きなさい。 (12点×2)

(1) 祖母は手紙を書くためにコンピューターを使います。 〔 the computer, letters 〕

(2) 私は今日は何もすることがありませんでした。 〔 nothing, do 〕

いろいろな文①

look, become などの文

月　　日

点

合格点：76 点／100 点

1　（　　）内から適する語句を選び，○で囲みなさい。　　　　　　　　　　（6点×3）

(1)　Emi（is, looks, gets）so happy.　（絵美はとても幸せそうに見えます。）

(2)　I want to（come, become, look）a nurse.（私は看護師になりたい。）

(3)　She（looks, looks like）a fashion model.　（彼女はモデルのようです。）

2　日本文に合うように，（　　）に適する語を入れなさい。　　　　　　　　（7点×7）

(1)　なぜ武史は悲しそうなのですか。

　　　Why does Takeshi（　　　　　　　）（　　　　　　　）?

(2)　すぐ家にもどってきなさい。暗くなってきました。

　　　Come back home right away.　It's（　　　　　　　）dark.

(3)　買い物に行きましょう。— それはよさそうですね。

　　　Let's go shopping. — That（　　　　　　　）（　　　　　　　）.

(4)　3年前，彼女は病気になりました。

　　　She（　　　　　　　）（　　　　　　　）three years ago.

3　日本文に合う英文になるように，（　　）内の語を並べかえなさい。　　（10点×2）

(1)　あなたはそのゆかたが似合っていますね。

　　　（nice, that, look, you, in）yukata.

　　　_____ yukata.

(2)　理恵は有名な歌手になるでしょう。

　　　Rie（famous, will, singer, become, a）.

　　　Rie _____.

4　日本文の意味を表す英文を書きなさい。　　　　　　　　　　　　　　（13点）

　　　メグ(Meg)の姉は医師になりました。

　　　_____

得点UP

2　(3)「それはよさそうに聞こえる[思われる]」と考える。相手の意見に同意するときの決まった言い方。

3　(1)「あなたはそのゆかたを着てすてきに見える」と考える。in には「〜を身につけて」の意味もある。

いろいろな文②

give, show などの文

1 （　）内から適する語句を選び，○で囲みなさい。　　(4点×3)

(1) I'll (show, give, make) you this doll. (あなたにこの人形をあげます。)

(2) My uncle teaches (he, his, him) *kanji*. (おじは彼に漢字を教えます。)

(3) Bring (me some tea, some tea me). （私に紅茶を持ってきて。）

2 日本文に合うように，（　）に適する語を入れなさい。　　(7点×6)

(1) 私は彼女に花を買ってあげました。

I (　　　　) (　　　　　) some flowers.

(2) その写真を私に見せてください。

Please (　　　　) (　　　　　) that picture.

(3) おなかがすいています。—クッキーをあげましょう。

I'm hungry. — I'll (　　　　) (　　　　　) some cookies.
空腹の　　　　　　　　　　　　　　　　　　　　クッキー

3 日本文に合う英文になるように，（　）内の語を並べかえなさい。　　(11点×2)

(1) 彼女は私たちに真実を話しました。　（ the, told, us, she, truth ）
真実

(2) ホワイト先生は私にヒントを出しませんでした。

Ms. White (me, didn't, hint, give, a).
ヒント

Ms. White _____.

4 〔　〕内の語句を使って，日本文の意味を表す英文を書きなさい。　　(12点×2)

(1) 伊藤先生(Ms. Ito)は私たちの理科の先生です。〔 teaches, us 〕

(2) ポール(Paul)は私たちに彼の新しい自転車を見せました。〔 new bike, to us 〕

得点UP

1 (3)目的語が 2 つある文では，目的語は〈人＋物〉の順番で並べる。

2 (3)「あなたにクッキーをあげましょう」と補って考える。「人」を表す目的語が代名詞のときは**目的格**にする。

いろいろな文③

call, make などの文

1 （　）に適する語を，右の〔　〕内から選んで入れなさい。 (5点×2)

(1) I'm Kentaro. Please （　　　　　　　） me Ken.

(2) These books （　　　　　　　） me sad.

〔 make
look
call 〕

2 日本文に合うように，（　）に適する語を入れなさい。 (6点×8)

(1) 私たちはそれらをふろしきと呼んでいます。

We （　　　　　　　） （　　　　　　　） furoshiki.

(2) その知らせは私を怒らせました。

The news （　　　　　　　） （　　　　　　　） angry.
知らせ, ニュース　　　　　　　　　　　　怒った

(3) 私の母は彼をケンちゃんと呼びます。

My mother （　　　　　　　） （　　　　　　　） Ken-chan.

(4) 彼らはそれを「きぼう」と名づけました。

They （　　　　　　　） （　　　　　　　） "Kibo."

3 日本文に合う英文になるように，（　）内の語を並べかえなさい。 (10点×2)

(1) あなたをアニーと呼んでもいいですか。（ I, you, may, call ） Annie?

_____ Annie?

(2) 彼のスピーチで私は眠くなりました。（ made, sleepy, speech, me, his ）

_____

4 〔　〕内の語句を使って，日本文の意味を表す英文を書きなさい。 (11点×2)

(1) この動物を英語では何と呼びますか。　〔 do you, this animal 〕

_____

(2) 彼のEメールはリサ(Lisa)を喜ばせるでしょう。　〔 will, make 〕

_____

得点UP

1 call A B で「A を B と呼ぶ」，make A B で「A を B にする」の意味。

4 (1)「A を B と呼ぶ」，(2)「A を B にする」の文を考える。

いろいろな文④

There is[are] 〜. の文

1 （　）に適する語を，下の[　]内から選んで入れなさい。　　　(4点×4)

(1) （　　　　　） is a cherry tree in our garden.
桜の木

(2) （　　　　　） there many children in this town ten years ago?
child（子ども）の複数形

(3) （　　　　　） a post office near my house.
郵便局

(4) There （　　　　　） an orange in the basket.
かご

[is　are　were　there's　there]

2 日本文に合うように，（　）に適する語を入れなさい。　　　(6点×10)

(1) そこにペンが1本あります。（　　　　　） a pen （　　　　　）.

(2) 壁には写真が1枚もかかっていませんでした。

There （　　　　　） any pictures （　　　　　） the wall.
壁

(3) 以前，このあたりには花がたくさんありました。

（　　　　）（　　　　　） a lot of flowers around here before.

(4) びんの中に水は入っていますか。

（　　　　　）（　　　　　） any water in the bottle?
びん

(5) ジョンの家には部屋がいくつありますか。

（　　　　　） many rooms （　　　　　） there in John's house?

3 日本文に合う英文になるように，（　）内の語句を並べかえなさい。　　　(8点×3)

(1) 木のそばに犬が何びきかいます。(are, dogs, some, there)

_____ by the tree.

(2) この近くに病院はありますか。(is, a hospital, near, there)

_____ here?

(3) 公園には子どもが1人もいませんでした。(were, children, there, in, no)

_____ the park.

得点UP

1 (2)過去を表す語句 ten years ago があるので，過去の文。be動詞は**過去形**を使う。

3 (3)「〜が1つもない」という否定の文は There is[are] no 〜. でも表せる。ここでは過去の文。

まとめテスト⑤

1 （　　）に適する語を, 右の [　　] 内から選んで入れなさい。

同じ語は 2 度使わないこと。　　　　　　　　　　　　　　　　　(4点×4)

(1) My father （　　　　　　　） me a dictionary.

(2) She （　　　　　　　） very young.

(3) Ms. Hill （　　　　　　） her dog Beth.

(4) He （　　　　　） a famous writer.
作家

[looked
called
became
gave]

2 日本文に合うように, （　　）に適する語を入れなさい。　　　(6点×10)

(1) その映画を見て私は悲しくなりました。

The movie （　　　　　　） me （　　　　　　）.

(2) チェスをするのはどうですか。— それはおもしろそうです。

How about playing chess? — That （　　　　　　　） like fun.
チェス

(3) どうして彼女はそんなに怒ったのですか。

What （　　　　　　　） （　　　　　　　） so angry?

(4) あなたの町にはレコード店がありましたか。— いいえ, ありませんでした。

（　　　　　　　） there any record shops in your town?
レコード店

— No, there （　　　　　　　）.

(5) 私の上着にはポケットが 2 つついています。

（　　　　　　） （　　　　　　　） two pockets on my jacket.

(6) あなたのバッグには何が入っていますか。— ラケットが 1 本です。

What's in your bag? —（　　　　　　） a racket.

3 〔　　〕内の語句を使って, 日本文の意味を表す英文を書きなさい。　(12点×2)

(1) 私があなたに駅へ行く道を教えましょう。　〔 I'll, tell, the way 〕
道, 通順

(2) 私の部屋にはマンガ本は 1 冊もありません。　〔 no, comic books 〕
マンガ本

比較の文①

比較級の文

月　　日

点

合格点：**75**点／100点

---

1 次の形容詞の比較級を書きなさい。　　　　　　　　　　　　(5点×4)

(1)　strong　（　　　　　　　　）　　(2)　nice　（　　　　　　　　）

(3)　busy　（　　　　　　　　）　　(4)　big　（　　　　　　　　）

---

2 日本文に合うように，（　　）に適する語を入れなさい。　　(6点×7)

(1)　この本は私のよりも古い。　This book is （　　　　　　　　） than mine.

(2)　7月はロンドンはシドニーよりも暑い。

　　In July, London is （　　　　　　　　）（　　　　　　　　） Sydney.
　　　　　　　　　　　　　　　　　　　　　　　　シドニー

(3)　この問題はあの問題よりも簡単だ。

　　This question is （　　　　　　　　）（　　　　　　　　） that one.

(4)　エッフェル塔と東京タワーでは，どちらが高いですか。― 東京タワーです。

　　Which is （　　　　　　　　）, the Eiffel Tower （　　　　　　　　） Tokyo
　　　　　　　　　　　　　　　　　　　　エッフェル塔

　　Tower?― Tokyo Tower is.

---

3 日本文に合う英文になるように，（　　）内の語を並べかえなさい。　(9点×2)

(1)　この橋はあの橋よりも長い。(this, that, than, bridge, one, is, longer)
　　　　　　　　　　　　　　橋

　　_____

(2)　あなたは健よりも速く走れますか。(Ken, you, faster, can, than, run)

　　_____

---

4 〔　　〕内の語句を使って，日本文の意味を表す英文を書きなさい。　(10点×2)

(1)　ブラウンさん(Ms. Brown)は私のおじよりも若いです。〔 than, uncle 〕

　　_____

(2)　私は昨日，母よりも早く起きました。〔 got up, yesterday 〕

　　_____

得点UP

2　「AのほうがBよりも～」は，形容詞[副詞] の比較級を使い，〈～er than …〉の形で表す。

3　⑴この one は前の名詞をくり返す代わりに使われ，「もの」の意味。

START ○―――――○―――――○―――――○―――――　　　　　　　　GOAL

最上級の文

合格点：78 点／100 点

点

1 次の形容詞の最上級を書きなさい。 (5点×4)

(1) new （　　　　　）　　(2) hot （　　　　　）

(3) large （　　　　　）　　(4) happy （　　　　　）

2 （　　）内から適する語を選び，○で囲みなさい。 (4点×3)

(1) Eri's dog is the （ small, smaller, smallest ） of the three.

(2) Takeshi is the tallest （ in, by, on ） our class.

(3) Lisa went to bed the （ early, earlier, earliest ） in her family.

3 日本文に合うように，（　　）に適する語を入れなさい。 (6点×8)

(1) すべての月の中で２月がいちばん寒い。

February is （　　　　　　）（　　　　　　　） of all the months.

(2) この小説は世界でいちばん短い。

This novel is （　　　　　　）（　　　　　　　） in the world.
小説

(3) あなたの家族の中ではだれがいちばん忙しいですか。

Who is the （　　　　　　）（　　　　　　　） your family?

(4) アンディーは３人の中でいちばん熱心に勉強します。

Andy studies the （　　　　　　）（　　　　　　　） the three.

4 日本文に合う英文になるように，（　　）内の語を並べかえなさい。 (10点×2)

(1) あの人形は全部の中で最もかわいい。That （ of, is, prettiest, all, the, doll ）.

That _____.

(2) 世界でいちばん高い山は何ですか。

（ the, in, what's, mountain, highest ） the world?
山

_____ the world?

得点UP

2 (2)最上級の文で「…の中で」は，複数を表す語句が続けば of，場所や範囲を表す語句が続けば in を使う。

3 「…の中でいちばん[最も]〜」は，形容詞[副詞]の最上級を使い，〈the 〜est of[in] …〉の形で表す。

more, most を使う比較の文

月　　日

点

合格点：**75**点／100点

1 日本文に合うように，（　）に適する語を入れなさい。　(6点×8)

(1) 美香には数学は英語よりも難しかった。

For Mika, math was（　　　　　　）（　　　　　　） than English.

(2) 正直さは私にとっていちばん大切なことです。

Honesty is（　　　　　　）（　　　　　　） important thing for me.
　　　　正直さ

(3) あなたの学校でいちばん人気のある先生はだれですか。

Who is the（　　　　　　）（　　　　　　） teacher in your school?

(4) この本はあの本よりも役に立ちますか。

Is this book（　　　　　　） useful（　　　　　　） that one?

2 日本文に合う英文になるように，（　）内の語句を並べかえなさい。　(8点×2)

(1) この映画は3つの中でいちばんおもしろい。

This movie（ of, the, the most, three, interesting, is ）.

This movie ＿＿＿＿＿＿＿＿＿＿＿＿＿＿＿＿＿＿＿＿＿＿＿＿.

(2) 彼は日本では太宰治よりも有名ですか。

（ more, is, than, he, famous ）Dazai Osamu in Japan?

＿＿＿＿＿＿＿＿＿＿＿＿＿＿＿＿＿ Dazai Osamu in Japan?

3 〔　〕内の語句を使って，日本文の意味を表す英文を書きなさい。　(12点×3)

(1) この花はあちらのものよりも美しいです。〔 beautiful, that one 〕

＿＿＿＿＿＿＿＿＿＿＿＿＿＿＿＿＿＿＿＿＿＿＿＿＿＿＿

(2) この物語は5つの中で最も興奮しました。〔 exciting, of the five 〕

＿＿＿＿＿＿＿＿＿＿＿＿＿＿＿＿＿＿＿＿＿＿＿＿＿＿＿

(3) 私たちの学校ではサッカーが最も人気のあるスポーツです。〔 popular, sport 〕

＿＿＿＿＿＿＿＿＿＿＿＿＿＿＿＿＿＿＿＿＿＿＿＿＿＿＿

得点UP

❶ 比較的つづりの長い語の場合，比較級は〈more ＋原級〉，最上級は〈the most ＋原級〉の形。

❸ beautiful, exciting, popular の比較級・最上級は，語尾に er, est をつけて作るのではないことに注意。

注意すべき比較の文

1 〔　　〕内の語を適する形にかえて，（　　）に入れなさい。 (4点×3)

(1) This is the （　　　　　　） way to learn English. 〔 good 〕

(2) Miki can dance （　　　　　　） than Yumi. 〔 well 〕

(3) I have （　　　　　　） T-shirts than you. 〔 many 〕

2 日本文に合うように，（　　）に適する語を入れなさい。 (6点×11)

(1) 私は 5 人の中でいちばんじょうずに中国語を話せます。

　　I can speak Chinese （　　　　　　）（　　　　　　） of the five.

(2) この電池はあの電池よりもいいです。

　　This battery is （　　　　　）（　　　　　） that one.

(3) もう少し時間をください。

　　Please give me a （　　　　　）（　　　　　） time.

(4) 紅茶とコーヒーでは，どちらのほうが好きですか。—紅茶のほうが好きです。

　　（　　　　　） do you like better, tea （　　　　　） coffee?

　　—I （　　　　　） tea （　　　　　）.

(5) あなたのいちばん仲のよい友だちはだれですか。

　　Who is your （　　　　　　） friend?

3 日本文に合う英文になるように，（　　）内の語を並べかえなさい。 (11点×2)

(1) 純はクラスの中でいちばん多くの手紙を受け取りました。

　　Jun （ letters, the, in, most, got ） his class.

　　Jun _____ his class.

(2) 私は昨日よりもずっと気分がいい。

　　I （ than, feel, yesterday, much, better ）.

　　I _____ .

得点UP
❶ 不規則に比較変化する語もある。good，well − better − best／many，much − more − most。
❸ (1)この most は形容詞 many の最上級。(2)比べているのは，「昨日（の状態）」である。

比較の文⑤

as ~ as …の文

1 （　）内から適する語を選び，○で囲みなさい。　　　　　　　　　（4点×3）

(1) Taro's bike is as new (so, as, than) mine.

(2) Mike is as (tall, taller, tallest) as Paul.

(3) I can play the piano as (well, best, better) as Aki.

2 日本文に合うように，（　）に適する語を入れなさい。　　　　　（6点×8）

(1) 私は絵里と同じ年齢です。　I'm as (　　　　　　) (　　　　　　) Eri.

(2) あなたのセーターはあれと同じくらいすてきです。

Your sweater is (　　　　　　) nice (　　　　　　) that one.

(3) 私のスーツケースは彼のと同じくらいの重さです。

My suitcase is (　　　　　　) (　　　　　　) as his.

(4) あなたはリサと同じくらい熱心に勉強しましたか。

Did you study as (　　　　　　) (　　　　　　) Lisa?

3 日本文に合う英文になるように，（　）内の語を並べかえなさい。　（8点×2）

(1) あなたはエイミーと同じくらい速く泳げますか。

(fast, swim, you, as, as, can) Amy?

_____ Amy?

(2) この本はあの本ほどおもしろくありません。

(book, interesting, isn't, as, as, this) that one.

_____ that one.

4 〔　〕内の語を使って，日本文の意味を表す英文を書きなさい。　（12点×2）

(1) 彼は佐藤先生(Mr. Sato)と同じくらい忙しいのですか。〔 busy, as 〕

_____

(2) 美香(Mika)のネコは私のネコほど大きくはありません。〔 big, mine 〕

_____

得点UP

1 〈as＋原級＋as …〉は「…と同じくらい～」の意味で，程度が同じであることを表す。

4 (2)「…ほど～ではない」は，as ～ as …の否定形で表すことができる。

比較の文

まとめテスト⑥

1 〔　　〕内の語を，必要があれば適する形にかえて，（　　）に入れなさい。 (5点×4)

(1) This question is the （　　　　　　） of the three. 〔easy〕

(2) Yuki can sing （　　　　　） than Eri. 〔well〕

(3) This doll is as （　　　　　　） as that one. 〔pretty〕

(4) Emily has the （　　　　　） books in her class. 〔many〕

2 日本文に合うように，（　　）に適する語を入れなさい。 (8点×6)

(1) 私は全部の色の中で赤がいちばん好きです。

I like red （　　　　　　）（　　　　　　　） of all colors.

(2) いちばん近い駅はどこですか。

Where's （　　　　　　）（　　　　　　） station?

(3) 彼は加藤先生と同じくらい早く学校に来ました。

He came to school （　　　　　　）（　　　　　　） as Ms. Kato.

3 日本文に合う英文になるように，（　　）内の語を並べかえなさい。 (8点×2)

(1) 私の犬はメグの犬より速く走ります。

（faster, my, runs, than, dog） Meg's.

_____ Meg's.

(2) この建物はあの建物ほど古くはありません。

（as, this, building, not, is, old, as） that one.

_____ that one.

4 〔　　〕内の語句を使って，日本文の意味を表す英文を書きなさい。 (8点×2)

(1) 私は姉よりも少し背が高い。 〔little, my sister〕

_____

(2) 日本で最も有名な歌手はだれですか。 〔who, famous〕

_____

接続詞・前置詞など①

that の文

1 （　　）内から適する語句を選び，○で囲みなさい。　　　　　　（4点×3）

(1)　I know (this, that, and) Judy likes Koji.

(2)　Do you think (that, that he, he's) our new teacher?

(3)　I (hear, listen, speak) that Andy can swim very fast.

2 日本文に合うように，（　　）に適する語を入れなさい。　　　　　（6点×8）

(1)　私たちは隆は料理がとてもじょうずだということを知っています。

　　We (　　　　　　) (　　　　　　　　) Takashi cooks very well.

(2)　私はスミス先生は厳しいと思います。

　　I (　　　　　　) (　　　　　　　　) Mr. Smith is strict.
　　　　　　　　　　　　　　　　　　　　　　　　厳しい

(3)　私たちは明日，雪が降ることを望んでいます。

　　We (　　　　　　) (　　　　　　　　) will be snowy tomorrow.

(4)　彼は暇だと思いますか。

　　Do you (　　　　　　) (　　　　　　　　) free?

3 日本文に合う英文になるように，（　　）内の語句を並べかえなさい。　（9点×2）

(1)　私たちには車が必要だと思います。　（ need, I, a car, think, we, that ）

_____

(2)　このかばんを気に入ってくれるといいのですが。

　　(you, this, I, will, hope, like) bag.

_____ bag.

4 〔　　〕内の語句を使って，日本文の意味を表す英文を書きなさい。　（11点×2）

(1)　私はこの映画はおもしろくないと思います。〔 don't think, this movie 〕

_____

(2)　私は彼女が忙しいことを知っていました。〔 knew, busy 〕

_____

得点UP

2 (3)接続詞の that は**省略される**ことが多い。省略しても意味はかわらない。

4 (2)that の前の文の動詞が過去形のとき，続く文の動詞も**時制を一致**させて**過去形**にする。

接続詞・前置詞など②

when, if, because の文

1 （　）内から適する語を選び，○で囲みなさい。　　　　(6点×2)

(1) Please call him （ but, if ） you can come to the party.

(2) Emily was practicing the piano （ when, or ） I visited her.

2 日本文に合うように，（　）に適する語を入れなさい。　　　　(7点×8)

(1) 彼は若いころ，千葉に住んでいました。

（　　　　　　） he （　　　　　　） young, he lived in Chiba.

(2) 彼女の考えがすばらしいので，私は真紀に賛成です。

I （　　　　　　） with Maki （　　　　　　） her idea is great.

(3) 明日が晴れなら，海へ行きましょう。

Let's go to the sea （　　　　） （　　　　　） sunny tomorrow.

(4) なぜ電車が止まったのですか。— 雪が激しく降っていたからです。

（　　　　　　） did the trains stop?

—（　　　　　　） it was snowing hard.
激しく

3 日本文に合う英文になるように，（　）内の語句を並べかえなさい。　(10点×2)

(1) もしこの雑誌がほしければ，あなたにあげましょう。

（ you, if, this, want, magazine ）, I'll give it to you.

_____, I'll give it to you.

(2) お金を持っていなかったので，私はその本を買えませんでした。

I（ I, had, the book, buy, because, couldn't ）no money.

I _____ no money.

4 日本文の意味を表す英文を書きなさい。　　　　(12点)

母が帰宅したとき，私は宿題をしているところでした。

_____

得点UP

2 (1)「彼は若いころ」は「彼は若かった**とき**」と考える。(3)「**もし**明日が晴れ**ならば**」と考える。条件や時を表す接続詞を使った文の中では**未来のことでも現在形**で表す。

月　　日

点

合格点：**78** 点／100 点

1 （　）内から適する語を選び，○で囲みなさい。　　　　　　(5点×6)

(1) Soccer is popular (among, by) the students in my class.

(2) I play the piano (until, during) noon (in, on) Sundays.
　　　　　　　　　　　　　　　　　　正午

(3) We walked (for, along) the river.

(4) Can I borrow this bike?
　　　　　　　　借りる
　　— Sure, I'll lend (it, one, other) to you.
　　　　　　　　　　貸す

(5) I couldn't say (thing, anything, nothing) about it.

2 日本文に合うように，（　）に適する語を入れなさい。　　　　(7点×8)

(1) ソファーとテーブルの間にネコがいます。

There's a cat (　　　　　) the sofa (　　　　　) the table.
　　　　　　　　　　　　　　　ソファー

(2) このあたりではたくさんの花が見られます。

You can see a lot of flowers (　　　　) (　　　　).

(3) 私は公園を通りぬけてスーパーへ行きました。

I went (　　　　) the park to the supermarket.
　　　　　　　　　　　　　　　　　　　スーパーマーケット

(4) これらの本はおもしろいです。何冊か読みますか。

These books are interesting. Will you read (　　　　)?

(5) だれかそのことを知りませんか。私は何もかも知りたいのです。

Does (　　　　) know about it?

I want to know (　　　　).

3 日本文に合う英文になるように，（　）内の語を並べかえなさい。　(14点)

私は誕生日に何か特別なものがほしいです。

I (special, my, want, for, something, birthday).
　　特別な

I _____.

得点UP

1 (1)ふつう，between は「(2人)の間で」，among は「(3人以上)の間で」というときに使う。
3 形容詞 special の位置に注意する。**代名詞を修飾するときにはそのあとに置かれる。**

現在の受け身の文

1 （　　）内から適する語を選び，○で囲みなさい。　　　　(4点×3)

(1) This bird is (see, saw, seen) in Hokkaido.

(2) Those books (is, am, are) read at school.

(3) Ms. White is liked (by, with, of) her students.

2 日本文に合うように，（　　）に適する語を入れなさい。　　　　(6点×11)

(1) 彼女は偉大な科学者として知られています。

She （　　　　　　　）（　　　　　　　　　）as a great scientist.

(2) 彼女の映画は日本で愛されています。

Her movies （　　　　　　　）（　　　　　　　　）in Japan.

(3) この国ではスペイン語が使われています。

Spanish （　　　　　　　　）（　　　　　　　　　）in this country.

(4) この部屋はマイクによって掃除されます。

This room （　　　　　　　）（　　　　　　　）（　　　　　　　　）Mike.

(5) 沖縄には毎年たくさんの人が訪れます。

Okinawa is （　　　　　　　）（　　　　　　　　）many people every year.

3 日本文に合う英文になるように，（　　）内の語を並べかえなさい。　　　(11点×2)

(1) その図書館は月曜日は閉館です。

(on, library, closed, the, Mondays, is)

_____

(2) これらの歌は若い人たちに歌われています。

These (by, sung, are, people, songs, young).

These _____ .

得点UP

2 (5)「たくさんの人によって訪問されている」と考える。行為者を表すときは〈**by** ＋人〉を使う。

3 (1)「その図書館は月曜日には閉められます」と考える。

受け身の疑問文・否定文

1 （　　）内から適する語を選び，○で囲みなさい。　　　(6点×3)

(1) （ Is, Are, Did ） this room cleaned by Miki?

(2) Are these letters （ write, wrote, written ） in English?

(3) This movie （ isn't, doesn't, didn't ） liked by young people.

2 （　　）に適する語を入れて，会話文を完成しなさい。　　　(7点×6)

(1) A : Is that racket used by your brother?

B : No, （　　　　　） （　　　　　　　　）. My father uses it.

(2) A : Are many flowers grown in the garden?

B : Yes, （　　　　　　） grow（育てる）の過去分詞 （　　　　　　　　）. They are beautiful.

(3) A : （　　　　　　） is （　　　　　　） in that school?

B : Music is taught there.

3 日本文に合う英文になるように，（　　）内の語を並べかえなさい。　(9点×2)

(1) このかばんはここでは作られていません。（ made, this, here, isn't, bag ）

_____

(2) あの国では何語が話されていますか。

（ language, in, is, that, what, spoken ） country?

_____ country?

4 〔　　〕内の語句を使って，日本文の意味を表す英文を書きなさい。　(11点×2)

(1) この雑誌はあの店では売られていません。〔 sold, that store 〕

_____

(2) その本はどこで読まれていますか。〔 the book, read 〕

_____

得点UP

1 受け身の文の疑問文は be 動詞を主語の前に出し，否定文は be 動詞のあとに not を置いて作る。

4 (2) read は不規則動詞で過去形・過去分詞も read。ただし，発音は [red] となる。

過去の受け身の文

1 日本文に合うように，（　　）に適する語を入れなさい。　　　　　(6点×6)

(1) 彼の家は去年建てられました。

His house （　　　　　　） （　　　　　　） last year.

(2) その戦争で多くの人が亡くなりました。

A lot of people （　　　　　　） （　　　　　　） in the war.

(3) それらの絵は彼女が描きましたか。

（　　　　　　） those pictures painted （　　　　　　） her?
（絵を）描く

2 （　　）に適する語を入れて，会話文を完成しなさい。　　　　　(6点×4)

(1) A : Was your sister invited to the party?
　　　　　　　　　　　　招待する
　　B : Yes, （　　　　　） （　　　　　　　）. She enjoyed it.

(2) A : （　　　　　） （　　　　　　） these dishes made?
　　　　　　　　　　　　　　　　　　皿
　　B : They were made in Japan.

3 日本文に合う英文になるように，（　　）内の語句を並べかえなさい。　(10点×2)

(1) 私は彼に手伝ってもらいました。　（ by, was, him, I, helped ）

_____

(2) この標識はここでは2年前には見られませんでした。

（ sign, two years, here, wasn't, this, seen ） ago.

_____ ago.

4 〔　　〕内の語句を使って，日本文の意味を表す英文を書きなさい。　(10点×2)

(1) この部屋は昨日，掃除されました。〔 this room, yesterday 〕

_____

(2) これらの手紙はポール(Paul)が書いたものではありません。

〔 these letters, written 〕

_____

得点UP

2 (2)答えは，「それら（＝皿）は日本で作られました」の意味。「場所」をたずねる疑問文にする。
4 (1)過去の受け身の文。be 動詞を**過去形**にする。

注意すべき受け身の文

1 （　　）内から適する語を選び，○で囲みなさい。　　　　　　　　　　　(6点×4)

(1) Her pictures will （ is, are, be ） seen by many people.

(2) Look at this picture. I'm very interested （ to, in, by ） it.

(3) We are very surprised （ at, to, from ） the news.

(4) This song is known （ for, at, to ） everyone.

2 日本文に合うように，（　　）に適する語を入れなさい。　　　　　　　　(8点×4)

(1) その犬は由紀にチビという名前をつけられました。

The dog （　　　　　　　） （　　　　　　　） Chibi by Yuki.

(2) ここから富士山が見られます。

Mt. Fuji can （　　　　　　　） （　　　　　　　） from here.

3 日本文に合う英文になるように，（　　）内の語句を並べかえなさい。　(10点×2)

(1) その場所は彼らに何と呼ばれていますか。

（ the place, them, called, by, is, what ）

_____

(2) あの橋は何でできているのですか。

（ bridge, is, of, made, that, what ）

_____

4 〔　　〕内の語句を使って，日本文の意味を表す英文を書きなさい。　(12点×2)

(1) 山々は雪でおおわれています。〔 the mountains, covered with 〕

_____

(2) この自転車はおじから私にゆずられたものです。〔 given to, my uncle 〕

_____

得点UP

4 (1)主語が複数であることに注意する。
　　(2)「(人)に(物)をあげる」は〈give ＋物＋to＋人〉で表せる。受け身は〈物＋be動詞＋given to＋人〉。

あいづち・体調をたずねるなど

1 （　）に適するものを，下の[　]内から選んで入れなさい。 (4点×4)

(1) A : I went camping yesterday.

　　B : Oh, (　　　　　　　　　)?　Did you have a good time?

(2) A : How do you feel now?

　　B : (　　　　　　　　　).　Thank you.

(3) A : You played soccer with Tom, (　　　　　　)?

　　B : Yes.　We enjoyed it a lot.

(4) A : I think I have a fever.
　　　　　　　　　　　　　　　　　　熱

　　B : (　　　　　　　　). You should go to the nurse's office.
　　　　　　　　　　　　　　　　　　　　　　　　　　　保健室

[That's too bad / Much better / didn't you / did you]

2 （　）に適する語を入れて，日本文に合う会話文を完成しなさい。 (6点×14)

(1) A : (　　　　　) (　　　　　　　), Lisa?（どうしたのですか，リサ。）

　　B : I (　　　　　) (　　　　) headache.（頭痛がするのです。）
　　　　　　　　　　　　　　　　　頭痛

(2) A : I agree with Bob.　　　　　　　（私はボブに賛成です。）
　　　　　　賛成する

　　　　(　　　　　　) (　　　　) you?　（あなたはどうですか。）

　　B : Me, too.　　　　　　　　　　　（私もです。）

(3) A : We need more parks.　（私たちにはもっと多くの公園が必要です。）

　　　　(　　　　) do you (　　　　)?　（あなたはどう思いますか。）

　　B : I don't think we do.　　　　　　（私は必要だと思いません。）

(4) A : Look at the baby over there.　（あそこにいる赤ちゃんを見て。）
　　　　　　　　　　　　　　　赤ちゃん

　　B : (　　　　　) (　　　　　　)!（まあ，なんてかわいいのでしょう。）

(5) A : Are you (　　　　) (　　　　　)?　　（大丈夫ですか。）

　　B : I think I (　　　　) a (　　　　　　).

　　　　　　　　　　　　　　　（かぜをひいているのだと思います。）

得点UP
1 (1)「そうでしたか。」とあいづちを打つ表現。一般動詞の過去の文を受けていることに注意する。
2 (1)体調を気づかうときの決まった表現。自分の体の不調を言うときは，I have a ～. などを使う。

ていねいなお願い・道案内など

1 次の場面で，最もていねいな表現を 1 つ選び，記号を○で囲みなさい。　　(4点×3)

(1) 「昼食を食べましょう」と相手を誘うとき。

　ア　Let's have lunch.　　　　イ　How about having lunch?

　ウ　Would you like to have lunch with me?

(2) 「食器を洗ってくれませんか」と相手に依頼するとき。

　ア　Please wash the dishes.　イ　Could you wash the dishes?

　ウ　Can you wash the dishes?

(3) 病院を探しているとき。

　ア　Do you know the hospital?　　　イ　Where's the hospital?

　ウ　Could you tell me the way to the hospital?

2 (　　)に適する語を入れて，日本文に合う会話文を完成しなさい。　　(8点×11)

(1) A : Excuse me. I'm (　　　　　　) (　　　　　　　) the
　　　station.　　　　　　　　(すみません。駅を探しているのですが。)

　　 B : Go straight and (　　　　　) right (　　　　　) the
　　　first corner.　　　(まっすぐ行って，最初の角を右に曲がります。)

(2) A : Is there a bank near here?　(この近くに銀行はありますか。)

　　 B : Yes. Go (　　　　　) this street and you'll (　　　　　)
　　　it (　　　　　) your left.

　　　　　　　　(はい。この通りに沿って行くと，左手に見えます。)

(3) A : Can you help me with my homework?(宿題を手伝ってくれる？)

　　 B : (　　　　　) (　　　　　), I can't.

　　　　　　　　　　　(すみませんが，できません。)

(4) A : (　　　　　) (　　　　　) open it?　(それを開けてもいい？)

　　 B : Sure.　　　　　　　　　　　(いいですよ。)

2 (3)依頼を断るときは，おわびのことばを伝える。
　　(4)「いいですよ。」という応じ方には Sure. のほかに，All right. / OK. などもある。

電話・買い物 など

月　　日

点

合格点：80 点／100 点

1 日本文に合うように，（　　）に適する語を入れなさい。 (5点×8)

(1) 試着してもいいですか。　May I （　　　　　） it （　　　　　）?

(2) 見ているだけです。　I'm （　　　　　）（　　　　　）.

(3) 私には大きすぎます。　It's （　　　　　） big for me.

(4) 番号がちがいますよ。　You （　　　　　） the wrong number.
まちがった

(5) リサは今，外出中です。　Lisa is （　　　　　） now.

(6) 訪問の目的は何ですか。　（　　　　　） the purpose of your visit?
目的　　　　訪問

2 （　　）に適する語を入れて，日本文に合う会話文を完成しなさい。 (6点×10)

(1) *A*: May I （　　　　　） you?　　（お手伝いしましょうか。）

B: Yes, please. I'm （　　　　　）（　　　　　） a shirt.

（お願いします。シャツを探しているのですが。）

A: How about this one?　　（こちらはいかがですか。）

B: （　　　　　）（　　　　　） is it?　（それはいくらですか。）

A: It's 3,000 yen.　　（3,000円です。）

(2) *A*: Hello. This is Judy. May I （　　　　　） to Rie, please?

（もしもし。ジュディーです。理恵をお願いします。）

B: （　　　　　）.　　　　（私です。）

(3) *A*: Hello. This is Ken. （　　　　　） Andy there?

（もしもし。健です。アンディーはいますか。）

B: Yes. （　　　　　） a minute, please.

（はい。少しお待ちください。）

(4) *A*: Show me your passport, please. （パスポートを見せてください。）
パスポート

B: （　　　　　） you are.　　　　（はい，どうぞ。）

総復習テスト①

目標時間：**20**分　　合格点：**80**点／100点

1　（　　）内から適する語句を選び，○で囲みなさい。　　　（2点×5）

(1) Were you （ use, used, using ） the computer at five?

(2) They are going to （ visit, visiting, visited ） Europe this summer.
ヨーロッパ

(3) Come to my house （ play, playing, to play ） video games.
テレビゲーム

(4) My suitcase is （ big, bigger, biggest ） than yours.

(5) Bill will （ must, have to, be ） go to school next Saturday.

2　次の会話文の（　　）に適する文を選び，記号を○で囲みなさい。　　（2点×3）

(1) A：Shall we watch a video at my house?

　　B：（　　　　　　　） I'll bring some cookies.

　　　ア　Yes, please.　イ　Yes, let's.　　　ウ　No, thank you.

(2) A：The game was very exciting.
　　　　　　　　　　　興奮させる

　　B：（　　　　　　　） I couldn't watch it.

　　　ア　All right.　　イ　Oh, did it?　　　ウ　Oh, was it?

(3) A：May I ask you a favor?
　　　　　　　　　　　願い

　　B：（　　　　　　　） Go ahead.

　　　ア　Sure.　　　　イ　Of course not.　ウ　Sounds nice.

3　日本文に合う英文になるように，（　　）内の語句を並べかえなさい。　（4点×3）

(1) ホワイトさんは私の父ほど若くはありません。

　　Mr. White is （ as, my father, not, young, as ）.

　　Mr. White is _____.

(2) 彼女は今日，部屋を掃除しなくてもよい。

　　She （ have, her room, clean, to, today, doesn't ）.

　　She _____.

(3) どこに行ったらいいのかわかりません。（ don't, I, where, know, to, go ）

　　_____

裏面へ

4 （　）に適する語を入れて，会話文を完成しなさい。　　　　　　(2点×7)

(1) A：（　　　　　　　　）（　　　　　　　　） any books in your bag?

  B：Yes, there are. I have three English books in it.

(2) A：Will Miki come to the party tonight?

  B：No, she （　　　　　　）.

(3) A：Could you tell me （　　　　　　）（　　　　　　） get to
  the post office?

  B：Sure. Go straight and turn left at the first corner.

(4) A：（　　　　　） do you like better, fish （　　　　　） chicken?

  B：I like chicken better.

5 日本文に合うように，（　）に適する語を入れなさい。　　　　　　(3点×14)

(1) 母が帰宅したとき，私たちはテレビを見ていました。

  We （　　　　　　）（　　　　　　） TV （　　　　　　） my

  mother came home.

(2) ここでサッカーをしてはいけません。

  You （　　　　　　）（　　　　　　） soccer here.

(3) トムは父親と同じくらいたくさん食べます。

  Tom eats （　　　　　） much （　　　　　　） his father.

(4) 絵美はあまり幸せそうには見えませんでした。

  Emi （　　　　　）（　　　　　　） so happy.

(5) だれがこのアップルパイを作りましたか。— 私の姉です。

  Who （　　　　　） this apple pie? — My sister （　　　　　　）.

(6) 私はリサが泳ぎたがっていることを知っています。

  I know （　　　　　） Lisa （　　　　　　）（　　　　　　） swim.

6 〔　〕内の語を使って，日本文の意味を表す英文を書きなさい。　　(8点×2)

(1) あなたに何か着るものをあげましょう。〔 give, something, wear 〕

(2) 明日あなたが忙しければ，私が手伝いましょう。〔 help, busy 〕

総復習テスト②

1 〔　　〕内の語を適する形にかえて，（　　）に入れなさい。 (2点×5)

(1) Tom （　　　　　　） a new notebook yesterday. 〔 buy 〕

(2) This dish is （　　　　　　） than that one. 〔 good 〕

(3) Yuki wasn't （　　　　　　） care of her sister then. 〔 take 〕

(4) He comes to school the （　　　　　　） in his class. 〔 early 〕

(5) I'm looking forward to （　　　　　　） you. 〔 see 〕

2 （　　）に適する語を，下の〔　　〕内から選んで入れなさい。 (3点×4)

(1) 私はもう家に帰らなければなりません。

I （　　　　　　） go home now.

(2) 美香は来月10歳になります。

Mika （　　　　　　） be ten next month.

(3) あなたのペンを使ってもいいですか。

（　　　　　　） I use your pen?

(4) 別のをお見せしましょうか。

（　　　　　　） I show you another one?

〔 shall　will　must　may 〕

3 （　　）に適する語を入れて，会話文を完成しなさい。 (2点×6)

(1) A : Must I stay home today?

B : No, you （　　　　　　） （　　　　　　） to.

You can go out.

(2) A : （　　　　　　） （　　　　　　） Hiro go to the stadium?

B : He went there on Friday.

(3) A : Was this picture painted by Rumiko?

B : Yes, （　　　　　　） （　　　　　　）.

She likes painting.

裏面へ

4 日本文に合うように，（　　）に適する語を入れなさい。　　　　(3点×12)

(1) 私の趣味は写真を撮ることです。

My hobby （　　　　　　） （　　　　　　　） pictures.

(2) デパートとホテルの間に公園があります。

There's a park （　　　　　　　） the department store

（　　　　　　　） the hotel.

(3) 久美は明日何をするつもりですか。― 彼女は友だちを訪問するつもりです。

What （　　　　　　） Kumi （　　　　　　） （　　　　　　　） do

tomorrow? ― （　　　　　　　） going to visit her friend.

(4) あなたはなぜ音楽を聞くのですか。― 楽しいからです。

（　　　　　　　） do you listen to music?

― （　　　　　　） it's fun.

(5) どうしたのですか。― おなかが痛いのです。

What's （　　　　　　）? ― I （　　　　　　） a stomachache.
_{腹痛，胃の痛み}

5 日本文に合う英文になるように，（　　）内の語を並べかえなさい。　　(6点×2)

(1) 私は来週，健に会うつもりです。

（ see, I'm, Ken, going, to ） next week.

_____ next week.

(2) 私たちはもっと熱心に勉強するべきだと思います。

（ we, should, think, study, I, harder ）

_____

6 〔　　〕内の語句を使って，日本文の意味を表す英文を書きなさい。　(6点×3)

(1) この本が3冊の中で最も役に立ちます。　〔 useful, of 〕

_____

(2) この部屋は生徒たちに毎日使われます。　〔 used, every day 〕

_____

(3) 英語を話すことは私にとって難しいです。　〔 it is, for 〕

_____

No. 01 be動詞の現在の文

❶ (1) are　(2) not　(3) Is

❷ (1) aren't　(2) Are　(3) is popular
　　(4) He's not [He isn't]

❸ (1) What's　(2) Are you　(3) Yes, it

❹ (1) This is my favorite story.
　　(2) Amy's shoes are over there.

（解説）**❶** 主語が I → am, 3 人称単数 → is,
you や複数 → are となる。(1) You and Lisa は複
数を表す主語。(2)否定文は be 動詞のあとに not。
(3)疑問文は bc 動詞を主語の前に。

❷ (1)空所の数から are not → **aren't** に。(4) He's
not ～. / He isn't ～. の 2 通りの形がある。

❸ (1)What's[What is] ～? には, It's[It is] ～. の
形で答える。(2) be from ～ で「～の出身です」。
(3)問いの文の that は, 答えの文では it で受ける。

❹ (1)「私のいちばん好きな物語」は my favorite
story。(2)be 動詞に場所を表す語句が続くと,「～
にある[いる]」の意味。

No. 02 一般動詞の現在の文

❶ (1) play　(2) goes　(3) do / like

❷ (1) has　(2) don't like
　　(3) Does / he does

❸ (1) does his homework after dinner
　　(2) Where do you practice tennis

❹ (1) Ken studies English every
　　Sunday morning.
　　(2) Kate doesn't [does not] have
　　any books in her bag.

（解説）**❶** (1)〈play the ＋楽器〉で「(楽器を)
演奏する」。(2)3 人称単数・現在形。(3)〈what
＋名詞〉に一般動詞の疑問文の形を続ける。

❷ (1) have の 3 人称単数・現在形は **has**。
(2)(3)一般動詞の現在の否定文は〈do[does] not

＋動詞の原形〉, 疑問文は〈Do[Does] ＋主語＋
動詞の原形～?〉の形。主語が 3 人称単数のとき
には does を使う。

❸ (1)「宿題をする」は do one's homework。こ
の do は動詞。

❹ (1)3 人称単数・現在形（studies）を使う。(2)
「1 つも～ない」というときは not ～ **any** を使う。

No. 03 一般動詞の過去の文（規則動詞）

❶ (1) called　(2) walked　(3) carried

❷ (1) stopped　(2) It rained
　　(3) stayed, ago　(4) enjoyed, last

❸ (1) visited Yuki this morning
　　(2) used this dictionary yesterday
　　afternoon

❹ (1) Yumi's aunt lived in London in
　　2020.
　　(2) I studied math in the library
　　two weeks ago.

（解説）**❶** 過去を表す語句があるので動詞を過
去形に。規則動詞の過去形は, **原形の語尾に ed**。
〈子音字＋ y〉で終わる語は y を i にかえて ed。

❷ (1) stop → stopped。(3)「～前」は ～ ago。
(4)「この前の～[昨～]」は last ～。

❸ (1)「今朝」は this morning, (2)「昨日の午後」
は yesterday afternoon と表す。

❹ いずれも過去の文。動詞を過去形にする。

No. 04 一般動詞の過去の文(不規則動詞)

❶ (1) saw　(2) flew　(3) bought　(4) said
　　(5) taught　(6) sat

❷ (1) came　(2) sent　(3) left

❸ (1) made　(2) wrote, ago
　　(3) got, went　(4) had, time

4 (1) She took pictures in the park.
(2) gave a new doll to my sister

（解説） **2** yesterday, last ～ など過去を表す語句があるので，過去の文。動詞の過去形を選ぶ。

3 (1) make の過去形は **made**。(2) write の過去形は **wrote**。(3) get, go の過去形は，**got, went**。(4)「楽しい時を過ごす」は have a good time。have の過去形は **had**。

4 (1)「写真を撮る」は take pictures。**took** は take の過去形。**gave** は give の過去形。

No. 05 一般動詞の疑問文・否定文

1 (1) Did (2) visit (3) doesn't
(4) didn't
2 (1) I did (2) they didn't
(3) did / studied
3 (1) Did you read this book
(2) did not see Hiro at school
4 (1) Did you get up late this morning?
(2) When did Yuri do her homework?

（解説） **1** (1)(2)一般動詞の過去の疑問文は〈**Did**＋**主語＋動詞の原形～?**〉。(4)否定文は〈**did not [didn't]＋動詞の原形～**〉の形。

2 (1)(2) Did ～? の問いには，**Yes, ～ did. / No, ～ didn't.** で答える。(3)疑問詞のあとに，did ～? の疑問文を続ける。

3 (1)疑問文は〈Did＋主語＋動詞の原形～？〉。(2)否定文は〈did not＋動詞の原形～〉。

4 (1)疑問文は主語の前に Did を置き，動詞は原形にする。(2)「いつ～しましたか」の文は When で文を始め，一般動詞の過去の疑問文を続ける。

No. 06 be動詞の過去の文

1 (1) was (2) were (3) was
2 (1) were (2) was, yesterday
(3) was, last (4) were, in

3 (1) Your pen was in the box.
(2) were hungry at that time
4 (1) I was sick in bed three days ago.
(2) They were good at cooking.

（解説） **1** be 動詞の過去形は主語が I や 3 人称単数なら was を，you や複数なら were を使う。

2 (2)(3)主語が 3 人称単数なので was を使う。(4) be born で「生まれる」の意味。

3 (1)〈主語＋be 動詞＋場所を表す語句.〉の語順に。(2)「そのとき」は at that time。

4 (1)「病気で寝ている」=〈**be 動詞＋sick in bed**〉。主語が I のときは was。(2)「～することが得意だ」=〈**be 動詞＋good at ～ing**〉。主語が複数で過去のときは were。

No. 07 be動詞の疑問文・否定文

1 (1) Was (2) were (3) wasn't
(4) weren't
2 (1) wasn't / was (2) they were
(3) How was
3 (1) Were you interested in music?
(2) wasn't in the kitchen ten minutes ago
4 (1) I wasn't [was not] late for school today.
(2) Were these questions difficult?

（解説） **1** (1)(2)一般動詞がないので be 動詞の疑問文。過去の文だから，was, were を使う。(3)(4)主語が 3 人称単数なら wasn't，複数なら weren't。

2 (2) Judy and Eri は答えの文では，they で受ける。(3)答えの文から「昨日の天気はどうでしたか」と天候をたずねる文に。

3 (1)疑問文なので，Were you ～? の形に。(2)「10分前」は ten minutes ago。

4 否定文は was[were] not ～ の形，疑問文は Was[Were] ～? の形。

No.08 過去進行形の文

1 (1) were　(2) raining　(3) is
　(4) was walking
2 (1) sitting　(2) using　(3) having
3 (1) was listening　(2) were swimming
　(3) was writing　(4) was washing
4 was talking with Paul at seven
　last night

解説　**1** 過去進行形は〈was[were]＋動詞の ing 形〉。「〜していた」の意味。(1)主語が複数なので were。(3)現在進行形の文。
2 ing 形にかえる。(1)語尾の 1 字を重ねて ing。(2)(3)語尾の e をとって ing。
3 (2) swim は，語尾を 1 字重ねてから ing。(3) write は語尾の e をとって ing。
4 be 動詞のあとに，動詞の ing 形を続ける。talk with 〜で「〜と話す」。

No.09 過去進行形の疑問文・否定文

1 (1) wasn't running　(2) were, doing
　(3) was helping
2 (1) No, wasn't　(2) Were you
3 (1) weren't looking at the stars
　then
　(2) Who was crying over
4 (1) We weren't [were not] talking
　in [at] the cafe.
　(2) What (subject) were you
　studying at that time?

解説　**1** 疑問文は〈Was[Were]＋主語＋動詞の ing 形〜?〉，否定文は〈wasn't[weren't]＋動詞の ing 形〜〉の形。(2)〈疑問詞＋ be 動詞＋主語＋ doing 〜?〉の形。「する」は do。(3)答えの文でも過去進行形を使う。
2 (1)あとの文から，No の答え。(2)問いの文の主語は you にする。
3 (1)否定文は〈wasn't[weren't]＋動詞の ing 形〜〉。(2)疑問詞 who が主語の疑問文。who のあとは〈be 動詞(was)＋動詞の ing 形 (crying)

〜〉の語順。
4 (1) were のあとに not を置く。短縮形は weren't。(2)疑問詞 what で始める。

No.10 まとめテスト①

1 (1) were　(2) making　(3) got　(4) had
2 (1) Did you　(2) Where was
　(3) it was
3 (1) wasn't studying　(2) were, last
　(3) wrote, this
4 (1) I didn't [did not] receive any
　letters yesterday.
　(2) How was the party last night?

解説　**1** (1) last summer があるので過去の文。主語が複数なので were。(2) were があるので過去進行形。(3)(4) yesterday があるので過去の文。get → got。have → had。
2 (1)「あなたは 5 時に帰宅しましたか，メグ」「はい。でも，ポールは 6 時に帰宅しました」。(2)「トムはそのときどこにいましたか」と場所をたずねる疑問文に。(3)「コンサートは楽しかったですか」「はい。すごく楽しかったです」。
3 (1)過去進行形の否定文に。(2) be 動詞の過去の文。複数の主語なので were を使う。(3) write は不規則動詞で過去形は wrote。
4 (1)一般動詞の過去の否定文は，**動詞の原形の前に didn't[did not]** を置く。yesterday は文の最初でもよい。(2)主語は the party で 3 人称単数なので，be 動詞は was。

No.11 be going to 〜 の文

1 (1) going to　(2) are　(3) clean
　(4) he's
2 (1) I'm, buy [get], next　(2) is going
　(3) are, to　(4) to be [become]
　(5) are, go
3 (1) is going to meet Yumi at the
　station
　(2) I'm going to finish my homework

（解説）**❶** 未来のことは，〈is[am / are] going to ＋動詞の原形〉で表す。(2)be 動詞は主語に合わせる。(4)he is の短縮形 he's を選ぶ。

❷ (1)最初の空所には，I am の短縮形 I'm が入る。(2)(3)(5)be 動詞は主語が 3 人称単数なら is，you や複数なら are。(4)主語が 3 人称単数でも，to に続く動詞は**原形**。

❸ 〈主語＋ be going to ＋動詞の原形～．〉の形。(1)「駅で」は at the station。(2)「宿題を終える」は finish my homework。

No. 12 be going to ～ の疑問文・否定文

❶ (1) aren't going　(2) Is, join　(3) I'm not　(4) Are, to / am　(5) How, is

❷ (1) she isn't [she's not]　(2) Are / are
(3) are, do / going to

❸ (1) He's not [He isn't, He is not] going to eat sushi tonight.
(2) Are you going to help your sister tomorrow?

（解説）**❶** 疑問文は〈Is [Am / Are] ＋主語＋going to ＋動詞の原形～?〉，否定文は〈is [am / are] not going to ＋動詞の原形～〉の形。(4)答えの文でも be 動詞を使う。

❷ (1)空所の数から，短縮形を使う。(2)あとの文から，Yes で答える。問いの文の you は複数。(3)「明日は何をするつもりですか」「私は買い物に行くつもりです」。

❸ (1)is のあとに not を置く。(2)are を主語の前に出す。

No. 13 will の文

❶ (1) will　(2) will be　(3) call
❷ (1) will start [begin]　(2) will be
(3) will study
❸ (1) will enjoy this book
(2) will come back to Tokyo next
❹ (1) It'll [It will] rain [be rainy] tomorrow.

(2) Bob will stay [be] (at) home this weekend.

（解説）**❶** 未来のことは〈will ＋動詞の原形〉でも表せる。(2)「学校に遅れるでしょう」。(3) She'll = She will。動詞は**原形**を選ぶ。

❷ (1)「始まるでしょう」ということなので，未来の文に。(2)「～になる」は be 動詞の原形 be を使う。(3)主語が 3 人称単数でも，will の形はかわらない。

❸ (1) will のあとは動詞の原形。(2)「東京にもどってくる」は come back to Tokyo。

❹ (1) will のあとに rain か，is の原形 be を続ける。(2) will のあとに原形 stay[be]を続ける。

No. 14 will の疑問文・否定文

❶ (1) won't　(2) Will
(3) Will, practice / Yes, will
❷ (1) I won't　(2) When will
❸ (1) The bus won't be here
(2) Will it be cloudy in Yokohama
❹ (1) Ken will not [won't] visit his uncle next month.
(2) Who will play the piano at the concert?

（解説）**❶** 疑問文は〈Will ＋主語＋動詞の原形～?〉，否定文は〈will not ＋動詞の原形〉の形。will not の短縮形は won't。(3) Will ～? には，Yes, ～ will. / No, ～ won't[will not]. で答える。

❷ (1)この問いの文の you は単数なので，答えの文では I で受ける。(2)「いつリサは京都を訪れますか」とたずねる文に。

❸ (1) won't のあとに動詞（be）を続ける。(2)疑問文は主語の前に will を出す。天気を表す文では主語に it を使う。

❹ (2) who のあとに〈will ＋動詞〉を続ける。

ANSWERS

❶ (1) Will / won't (2) Yes, is
   (3) How / will be
❷ (1) They're going (2) aren't going
   (3) will be [become]
❸ (1) She will not call me tonight.
   (2) What time is Billy going to leave home tomorrow?
   (3) Will Mike read this book tomorrow?
   (4) I'm [I am] not going to go there this weekend.

解説 **❶** (1) Will ～? には，Yes, ～ will. / No, ～ won't. で答える。(3)未来のことなので，答えの文でも will を使って答える。
❷ (1)(2)空所のあとの to に着目。be going to ～ の文に。(3)空所の数から will の文。「～になる」は be または become で表す。
❸ (1) will の否定文。また tonight は文頭でもよい。(2)be going to ～ の疑問文。What time で始め，あとに be going to ～ の疑問文を続ける。(3) will の疑問文は will を主語の前に出す。(4) be going to ～ の否定文は be 動詞のあとに not を置く。

No. **16** have to ～ の文

❶ (1) have to (2) Does (3) don't have
❷ (1) has to (2) doesn't have
   (3) had, wash
❸ (1) he does (2) don't, to
❹ (1) has to study English tonight
   (2) What do we have to bring

解説 **❶** (1) have to ～ は「～しなければならない」の意味。(2)(3)疑問文は 〈Do[Does]＋主語＋ have to ～?〉，否定文は 〈don't[doesn't] have to ～〉の形。
❷ (1)(2)主語が 3 人称単数のときは has to ～。否定文は doesn't have to ～。(3)過去の文では have の過去形の had を使う。

❸ (1)答えの文でも，does を使う。(2)短く No, you don't. と答えることもできる。
❹ (1) has to のあとに動詞の原形を続ける。
(2) What のあとに do we have to bring ～ の疑問文の形を続ける。

No. **17** must, should の文

❶ (1) make (2) should (3) mustn't
❷ (1) must finish (2) mustn't eat
   (3) Should / should
❸ (1) should send an e-mail to
   (2) must not speak Japanese in
❹ (1) Should we answer the question now?
   (2) You mustn't [must not] take pictures here.

解説 **❶** (1)〈must ＋動詞の原形〉で「～しなければならない」。(2)〈should ＋動詞の原形〉で「～すべきだ，～したほうがよい」。(3)「～してはならない」は mustn't [must not] ～。
❷ (3) should は助動詞なので，疑問文を作るときは should を主語の前に出せばよい。
❸ (1)「(人)に E メールを送る」は send an e-mail to ～。(2)「授業中に」は in class。
❹ (2) You must not ～. は Don't ～. の命令文とほぼ同じ内容を表す。

No. **18** may, shallなどの文

❶ (1) Shall (2) May (3) Will
❷ (1) ア (2) イ
❸ (1) may (2) shall (3) May [Can]
   (4) Will [Can] you (5) Shall I
❹ (1) May I take a picture?
   (2) Shall I open the door?

解説 **❶** (1)「～しましょうか」は Shall I ～?，(2)「～してもよいですか」は May I ～?，(3)「～してくれませんか」は Will you ～? で表す。
❷ (1) May I ～? に「いいですよ」と応じるときは，Sure. / OK. / All right. などを使う。(2)うし

ANSWERS

ろの文から，断る文が適切。

❸ (1)may には「〜かもしれない」の意味もある。
(2)(5) **Shall we 〜?** は「（いっしょに）〜しましょうか」，**Shall I 〜?** は「（私が）〜しましょうか」。
(4) Will や Can の代わりに Would や Could を使ってもよい。

❹ (1)May I 〜? の文に。(2)Shall I 〜? の文に。

No. 19 まとめテスト③

❶ (1) Will　(2) Shall　(3) had to
❷ (1) Will [Can] / Sure
　(2) Can [May] / course
　(3) Must / don't have
　(4) Shall / thank you [it's OK]
❸ (1) You should be kind to everyone.
　(2) You must not swim in this river.
❹ (1) I'll have to go to school
　　tomorrow.
　(2) Shall I send the book to you?

解説　❶ (1)「もう一度言ってくれませんか」。
(3)「昨夜，私は家にいなければなりませんでした」。過去の文なので，had to 〜。
❷ (1)Will や Can の代わりに Would や Could を使ってもよい。「もちろん」は **Sure.** を使う。**OK.** でもよい。(2)「もちろん」は空所の前に Of があるので，**Of course.** で表す。
(3)Must I 〜? の問いには，**Yes, you must. / No, you don't have to.** で答える。
(4)「いいえ，けっこうです」と断るときは **No, thank you.** や **No, it's[that's] OK.** を使う。
❸ (1)should be 〜は「〜であるべきだ」の意味。
(2)**You must not 〜.** で禁止を表す。
❹ (1)I'll は I will の短縮形。助動詞は 2 つ並べて使えないので，must ではなく have to を使う。
(2)「〜しましょうか」と申し出る文なので，Shall I 〜? で表す。

No. 20 副詞的用法の不定詞

❶ (1) to　(2) do　(3) to cook
❷ (1) to go [get]　(2) to buy [get]
　(3) glad [happy] to
　(4) to be [become]
　(5) Why / To watch [see]
❸ (1) go to the market to sell
　(2) Was she surprised to hear

解説　❶ 〈to ＋動詞の原形〉は「〜するために」「〜しに」の意味で動詞を修飾し，副詞と同じ働きをする（副詞的用法）。
❷ (1)(2)「〜するために」と動作の目的は〈to ＋動詞の原形〉で表す。(3)〈glad[happy] to ＋動詞の原形〉で，「〜してうれしい」の意味。(5)Why 〜? に，「〜するために」と目的を答えるときは **To 〜.** を使う。
❸ (1)まず，「彼らは市場へ行きます」の部分を組み立て，そのあとに〈to ＋動詞の原形〉を続ける。(2)「〜を聞いて驚いた」は was surprised to hear 〜。

No. 21 名詞的用法の不定詞

❶ (1) to listen　(2) eat　(3) be
❷ (1) started [began] to　(2) likes to
　(3) wanted to　(4) to play
　(5) to write　(6) to do
❸ (1) I hope to meet you
　(2) Do you like to study

解説　❶ 〈to ＋動詞の原形〉は「〜すること」の意味で動詞の目的語になり，名詞と同じ働きをする（名詞的用法）。(1)like to 〜 で「〜するのが好きだ」，(2)try to 〜 で「〜しようとする」，(3)want to 〜 で「〜したい」。
❷ (1)「〜し始める」は start[begin] to 〜。
(4)(5)名詞的用法の不定詞は名詞と同じ働きをするので，be 動詞のあとにくることもある。
❸ (1)「〜することを願う」は hope to 〜。(2)「〜するのが好きだ」は like to 〜。

22 形容詞的用法の不定詞

❶ (1) to read　(2) time to　(3) to do
　　(4) something to　(5) anything to
❷ (1) work to do
　　(2) something hot to eat
❸ (1) has a lot of places to visit
　　(2) had no time to play
　　(3) you need anything to write

解説　**❶** 〈to ＋動詞の原形〉は「～するための…」の意味で前の**名詞**を**修飾**し，形容詞と同じ働きをする（形容詞的用法）。(2)「～する**時間だ**」は **It's time to ～.** の形。(4)(5)不定詞が代名詞を後ろから修飾することもある。
❷ (1)「今日すべき仕事がいくつかある」。(2)「何か温かい食べ物がほしかった」。something を修飾する形容詞は，そのあとに置く。
❸ (1) places を to visit が後ろから修飾する形に。(2)「～するための時間がなかった」は had no time to ～。(3)「何か書くもの」は anything to write with。

23 いろいろな不定詞

❶ (1) to make　(2) where to　(3) for
　　(4) too hot
❷ (1) which to　(2) not, be
　　(3) It, to
❸ (1) how to　(2) too, to
❹ (1) Be careful not to catch a cold.
　　(2) It is difficult [hard] for me to
　　solve this problem.

解説　**❶** (1) how to ～ で「～のしかた」。(2) where to ～ で「どこで～すべきか」。(4)〈too ＋形容詞＋ to ～〉は「…すぎて～できない」。
❷ (2)〈to ＋動詞の原形〉を否定するときは〈not to ＋動詞の原形〉とすることがふつう。
❸ (1) A は道をたずねている。how to get to ～ は「～への行き方」。
❹ (1)「～しないように」は not to ～ で表す。文頭か文末に please をつけてもよい。(2)〈It is

… for ＋人＋ to ～.〉は「（人）にとって～することは…だ」。

24 動名詞

❶ (1) making　(2) running　(3) have
　　(4) playing
❷ (1) like traveling　(2) finish writing
　　(3) enjoy talking　(4) Speaking, is
　　(5) stopped cleaning
❸ (1) I'll finish reading this book
　　(2) Learning about foreign cultures
　　is very important.

解説　**❶** 動名詞は**動詞の ing 形**で，「～すること」の意味。名詞と同じ働きをする。(1)(2) **finish, enjoy** は**目的語**に動名詞をとる。(3)前に to があるので動詞は**原形**。(4) at など前置詞のあとに続けるときも動名詞を使う。
❷ (1)「～するのが好きだ」は like ～ing か like to ～。(2)「～し終える」は finish ～ing。(3)「～して楽しむ」は enjoy ～ing。(4)動名詞は名詞と同じ働きなので，文の主語にもなる。3 人称単数扱い。(5)「～するのをやめる」は stop ～ing。
❸ (2)「外国の文化について学ぶこと」が主語。動名詞を使って learning about foreign cultures と表す。

25 まとめテスト④

❶ (1) to visit　(2) reading　(3) watching
❷ (1) want to　(2) in singing
　　(3) how to　(4) for, to
❸ (1) The students will start to run
　　in ten minutes.
　　(2) I didn't know what to buy.
　　(3) It is important for animals to
　　sleep well.
❹ (1) My grandmother uses the
　　computer to write letters.
　　(2) I had nothing to do today.

解説　**❶** (1) hope の目的語になるのは**不定詞**。

ANSWERS

(2) finish の目的語になるのは**動名詞**。(3)「～する
のをやめる」は stop ～ing。stop to ～ は「～す
るために立ち止まる」の意味。

② (2)「～に興味がある」は be interested in ～。
前置詞に続く動詞は動名詞にする。(4)〈It is … for
＋人＋ to ～.〉で「(人)にとって～することは…だ」。

③ (1)「～し始める」は start to ～ か start ～ing。
(2)「何を～したらよいか」は what to ～。

④ (1)副詞的用法の不定詞を使って表す。
(2) nothing(何も～ない)を使うので，動詞の部分
は肯定形にする。

<h2>No. 26　look, become などの文</h2>

① (1) looks　(2) become　(3) looks like
② (1) look sad　(2) getting [becoming]
　　(3) sounds good [nice]　(4) became
　　[got] sick [ill]
③ (1) You look nice in that
　　(2) will become a famous singer
④ Meg's (older [elder]) sister became
　　a doctor.

(解説) **①** (1)〈look ＋形容詞〉で「～に見える」。
(2)〈become ＋名詞[形容詞]〉で「～になる」。
(3)名詞があとに続くとき，「～のように見える」
は〈look like ＋名詞〉で表す。

② (1)「なぜ悲しそうに見えるのか」と考える。
(2)〈get[become]＋形容詞〉で「～になる」。(3)
〈sound ＋形容詞〉で「～のように聞こえる［思
われる］」。(4)〈become ＋形容詞〉で「～になる」。

③ (1)「～が似合っている」は「～を着てすてきに
見える」で look nice in ～。(2)「有名な歌手にな
る」は become a famous singer。

④ 「～になる」は〈become ＋名詞〉。

<h2>No. 27　give, show などの文</h2>

① (1) give　(2) him　(3) me some tea
② (1) bought [got] her　(2) show me
　　(3) give you
③ (1) She told us the truth.

(2) didn't give me a hint
④ (1) Ms. Ito teaches us science
　　[teaches science to us].
　　(2) Paul showed his new bike to
　　us.

(解説) **①** give，teach，bring は，〈人＋物〉の
順序で目的語を 2 つとる動詞。(1)〈give ＋人＋物〉
で「～に…をあげる」，(2)〈teach ＋人＋物〉で
「～に…を教える」，(3)〈bring ＋人＋物〉で「～
に…を持ってくる」。

② (1)「～に…を買う」は buy。「人」が代名詞の
ときは目的格に。(2)「～に…を見せる」は show。

③ (1)「～に…を話す」は〈tell ＋人＋物〉。(2)「私
にヒントを与えなかった」と考える。

④ (1)「伊藤先生は私たちに理科を教えます」の文
に。(2)〈show ＋物＋ to ＋人〉または〈show ＋
人＋物〉で「(人)に(物)を見せる」。

<h2>No. 28　call, make などの文</h2>

① (1) call　(2) make
② (1) call them　(2) made me
　　(3) calls him　(4) named it
③ (1) May I call you
　　(2) His speech made me sleepy.
④ (1) What do you call this animal
　　in English?
　　(2) His e-mail will make Lisa happy
　　[glad].

(解説) **①** (1)「～を…と呼ぶ」は call。(2)「これ
らの本は私を悲しくさせます」。「～を…にする」
は make。

② (1)(3) call のあとは「～を」→「～と」の語順。
(2)〈make A B〉で「A を B にする」。(4)〈name
A B〉で「A を B と名づける」。

③ call や make のあとは「～を」→「～と[に]」
の語順。

④ (1)「～を何と呼びますか。」は What do you
call ～? で表せる。

No. 29 There is[are] 〜. の文

① (1) There (2) Were (3) There's
(4) is

② (1) There's, there (2) weren't, on
(3) There were (4) Is there
(5) How, are

③ (1) There are some dogs
(2) Is there a hospital near
(3) There were no children in

解説 **①**「〜に…がある」は〈There is[are]
＋主語＋場所を表す語句 .〉。(1)(4)主語が単数の
ときは，There is 〜. の形。(2)主語が複数で，過
去を表す語句があることから，were を入れる。
(3)空所の数から短縮形 There's を入れる。
② (1)「そこに」を表す there を文末に。(2)過去の
否定文。「壁に(かかっている)」は **on** the wall。
(3)過去で，主語が複数なので were を使う。(4)主
語が数えられない名詞のとき，be 動詞は is[was]
を使う。
③ (1)主語が複数なので，There are 〜. に。(2)疑
問文は〈Is[Are] there ＋主語〜?〉。(3)過去の否
定文は There were not any 〜. または There
were no 〜. で表せる。

No. 30 まとめテスト⑤

① (1) gave (2) looked (3) called
(4) became

② (1) made, sad (2) sounds
(3) made her (4) Were / weren't
(5) There are (6) There's

③ (1) I'll tell you the way to the
station.
(2) There are no comic books in
my room.

解説 **①** (1)「父は私に辞書を<u>くれました</u>」。(2)
「彼女はとても若く<u>見えました</u>」。(3)「ヒルさんは
自分の犬をベスと<u>呼びました</u>」。(4)「彼は有名な作
家に<u>なりました</u>」。
② (1)「A を B にする」は〈make *A B*〉。「その映
画は私を悲しくさせた」。(2)「おもしろそうです」
は「おもしろそうに聞こえる」と考え，**sound** を
使う。(4)過去の文で主語が複数なので，be 動詞
は were。(6) What's 〜? に，「〜があります」と
答えるときには **There is[are]** 〜. を使う。
③ (1)「〜に…を教える」は〈**tell ＋目的語(人)**
＋目的語(物)〉。(2)「…に〜がありません」は
There is[are] 〜. の否定文で表す。ここでは
There are **no** 〜. の形を使う。

No. 31 比較級の文

① (1) stronger (2) nicer (3) busier
(4) bigger

② (1) older (2) hotter than
(3) easier than
(4) taller [higher], or

③ (1) This bridge is longer than that
one.
(2) Can you run faster than Ken?

④ (1) Ms. Brown is younger than my
uncle.
(2) I got up earlier than my mother
yesterday.

解説 **①** 比較級は〈原級＋ er〉の形。原級はも
との形。(2) e で終わる語は r だけつける。(3)〈子音
字＋ y〉で終わる語は y を i にかえて er。(4)〈短母
音＋子音字〉で終わる語は，語尾を 1 字重ねて er。
②「〜よりも…だ」は比較級を使い，〈**比較級＋**
than 〜〉で表す。than は「〜よりも」の意味。
(2) hot の比較級は hotter。(3) easy の比較級は
easier。(4) 2 つを比べて，「A と B では，どちら
がより〜ですか」は〈**Which is ＋比較級, *A* or**
***B*?**〉で表す。
③ (1)比べられるのは「あの橋」。「あの橋」は代
名詞 one を使って，that one と表す。one は前
に出た同じ名詞のくり返しを避けるために使われ
る。(2)副詞の比較級は〈動詞＋比較級＋ than 〜〉
の語順。
④ (1) young の比較級は younger。(2) early の比
較級は earlier。副詞も形容詞と同じように比較
変化する。

ANSWERS

No. 32 最上級の文

① (1) newest (2) hottest (3) largest
    (4) happiest
② (1) smallest (2) in (3) earliest
③ (1) the coldest (2) the shortest
    (3) busiest in (4) hardest of
④ (1) doll is the prettiest of all
    (2) What's the highest mountain in

解説 **①** 最上級は〈原級＋est〉。(2)〈短母音＋子音字〉で終わる語は，語尾を1字重ねて est。(3) e で終わる語は st だけつける。(4)〈子音字＋y〉で終わる語は y を i にかえて est。

② (1)(3)前に the，あとに of the three（3びきの中で），in her family（彼女の家族の中で）とあることから最上級の文。(2)「私たちのクラスの中で」というときは，in を使う。

③ 「…の中で—がいちばん～だ」は最上級を使って，〈the ＋最上級＋ in[of] …〉で表す。(1)(2)最上級の前には the をつける。(3)(4)「…の中で」は〈in ＋範囲・場所〉，〈of ＋複数を表す語句〉で表す。

④ (1)「全部の中で」は of all。(2)「いちばん高い山」は the highest mountain。最上級のあとに名詞がくることに注意。

No. 33 more, most を使う比較の文

① (1) more difficult (2) the most
    (3) most popular (4) more, than
② (1) is the most interesting of the
    three
    (2) Is he more famous than
③ (1) This flower is more beautiful
    than that one.
    (2) This story was the most
    exciting of the five.
    (3) Soccer is the most popular
    sport in our school.

解説 **①** (1)(4) more をつけて比較級にする。(2)(3) most をつけて最上級にする。

② (1)最上級は〈the most＋～＋in[of] …〉，(2)比較級は〈more ＋原級＋ than ～〉。

③ beautiful, exciting, popular など比較的つづりの長い語の比較級・最上級は，前に more, most を置いて作る。(1) beautiful の前に more，(2)(3) exciting, popular の前に most を置く。

No. 34 注意すべき比較の文

① (1) best (2) better (3) more
② (1) the best (2) better than
    (3) little more
    (4) Which, or / like, better (5) best
③ (1) got the most letters in
    (2) feel much better than yesterday

解説 **①** 形容詞・副詞には不規則に比較変化するものもある。(1)(2) good, well は better － best，(3) many, much は more － most となる。

② (1)「じょうずに」は well で，最上級は best。(2)(5)「よい」は good。比較級は better，最上級は best。(3) much の比較級 more を使う。「少し」は a little。(4)「A と B ではどちらがより好きですか」は，〈Which do you like better, A or B?〉。I like ～ better. で答える。

③ (1) Jun got many letters（純はたくさんの手紙を受け取った）の many を最上級の the most にしたと考える。(2) I feel good（私は気分がよい）の good を比較級の better にしたと考える。比較級の意味を強めて「ずっと」は，much を使う。

No. 35 as ～ as … の文

① (1) as (2) tall (3) well
② (1) old as (2) as, as (3) as heavy
    (4) hard as
③ (1) Can you swim as fast as
    (2) This book isn't as interesting as
④ (1) Is he as busy as Mr. Sato?
    (2) Mika's cat isn't [is not] as big
    as mine.

解説 **①** 「…と同じくらい～」は〈as ＋原級＋

as …〉。(2)(3) as と as の間の形容詞・副詞は原級。
2 (1)「同じくらい年をとっている」と考え，as old as ～ で表す。(4)「熱心に」は hard。
3 (2)「…ほど～ではない」は not as ～ as …。
4 as ～ as … は「…と同じくらい～」，否定形は「…ほど～ではない」の意味になる。

No. **36** まとめテスト⑥

1 (1) easiest (2) better (3) pretty
   (4) most
2 (1) the best (2) the nearest
   (3) as early
3 (1) My dog runs faster than
   (2) This building is not as old as
4 (1) I'm [I am] a little taller than my
   sister.
   (2) Who is the most famous singer
   in Japan?

(解説) **1** (1)(4)前に the があることから，最上級に。**many － more － most**。(2)あとに than があるので比較級に。**well － better － best**。(3)前後に as があるので，**原級に**。
2 (1)「～がいちばん好きだ」は like ～ the best。(3)「…と同じくらい～」は as ～ as …。
3 (2)「…ほど～ではない」は not as ～ as …。
4 (1)「…より少し～」は比較級の前に a little。(2) famous の最上級は前に the most。

No. **37** that の文

1 (1) that (2) he's (3) hear
2 (1) know that (2) think that
   (3) hope it (4) think he's
3 (1) I think that we need a car.
   (2) I hope you will like this
4 (1) I don't think (that) this movie
   is interesting.
   (2) I knew (that) she was busy.

(解説) **1** that には「～ということ」の意味で，あとに続く文を think などの目的語として前の文

に結びつける働きもある。(1) **I know that ～.** で**「私は～だと知っている」**。(2)接続詞の that はよく**省略**される。(3) I hear that ～. で「私は～だと聞いています，～だそうです」。
2 (3) hope も that ～ を目的語にとることができる。空所の数から that は省略する。
3 (2)ここでは接続詞 that は省略されている。
4 (1)「～ではないと思う」は，ふつう think のほうを否定形にして，I don't think（that）～. と表す。(2)前の動詞が過去形のとき，that に続く文の動詞も過去形にする。

No. **38** when, if, because の文

1 (1) if (2) when
2 (1) When, was (2) agree, because
   (3) if it's (4) Why / Because
3 (1) If you want this magazine
   (2) couldn't buy the book because
   I had
4 I was doing my homework when
   my mother came [got] home.

(解説) **1** (1)「もしパーティーに来られるなら，彼に電話して」。(2)「私が訪ねたとき，エミリーはピアノを練習していました」。
2 (1)「若かったとき」と考える。**「～のとき」**は **when** を使う。(2)(4)**「～なので」**と**理由**を表すときは **because** を使う。(3)**「もし～なら」**は **if**。if ～ の文中では未来のことも**現在形**で表す。
3 (1)「もし A ならば B」は，〈If ＋ A（文），B（文）.〉，〈B（文）＋ if ＋ A（文）.〉の形。
4 接続詞 when を使って表す。When my mother came home, I was ～. のような語順にしてもよい。この場合は I の前にカンマが必要。

No. **39** 前置詞／代名詞

1 (1) among (2) until, on (3) along
   (4) it (5) anything
2 (1) between, and (2) around [near]
   here (3) through (4) some

(5) anyone [anybody] / everything

③ want something special for my birthday

解説 **①** (2)「正午まで（ずっと）」。until が適切。動作や状態の続く期間を表すときに使う。(4)前の名詞と同一のものを指すときには，代名詞は it を使う。

② (1)「A と B の間に」は between *A* and *B*。(4)複数名詞を受けて「いくつか」は，some。

③「何か特別なもの」は something special。形容詞は something のあとに置く。

No. 40 現在の受け身の文

① (1) seen (2) are (3) by

② (1) is known (2) are loved
(3) is used (4) is cleaned by
(5) visited by

③ (1) The library is closed on Mondays.
(2) songs are sung by young people

解説 **①**「～される」は〈be 動詞＋過去分詞〉の形で表す。(1) see の過去分詞は seen。(3)「～によって」と行為者を表すときは〈by ＋人〉。

② 受け身の文は〈is[am, are] ＋過去分詞〉の形。(2)主語が複数なので，be 動詞は are に。(4)(5)「～によって」は by を使う。

③ (1) on Mondays は文頭でもよい。(2) sung は sing の過去分詞。

No. 41 受け身の疑問文・否定文

① (1) Is (2) written (3) isn't

② (1) it isn't [it's not] (2) they are
(3) What, taught

③ (1) This bag isn't made here.
(2) What language is spoken in that

④ (1) This magazine isn't [is not] sold in [at] that store.
(2) Where is the book read?

解説 **①** 受け身の文の疑問文は〈Be 動詞＋主語＋過去分詞～？〉，否定文は〈be 動詞＋ not ＋過去分詞～〉。(1)(3)受け身の文の疑問文や否定文では，do[does, did]は使わない。(2) write の過去分詞は written。

② (1)(2)受け身の疑問文には be 動詞を使って答える。(3)「あの学校では何が教えられていますか」。

③ (1)〈be 動詞＋ not ＋過去分詞〉，(2)〈What ＋名詞＋ be 動詞＋過去分詞～？〉の語順に。

④ (1) is のあとに not を置く。(2) where で始め，受け身の疑問文の形を続ける。

No. 42 過去の受け身の文

① (1) was built (2) were killed
(3) Were, by

② (1) she was (2) Where were

③ (1) I was helped by him.
(2) This sign wasn't seen here two years

④ (1) This room was cleaned yesterday.
(2) These letters weren't [were not] written by Paul.

解説 **①** 過去の受け身の文は〈was[were]＋過去分詞〉の形。(2)「（戦争で）亡くなった」は「殺された」と表す。

② (1) Was ～? の疑問文には was を使って答える。(2)答えの文から，「どこでこれらの皿は作られましたか」とたずねる文にする。

③ (1)〈be 動詞の過去形＋過去分詞＋ by ～〉の語順にする。by のあとに代名詞がくるときは，目的格にする。(2)〈wasn't＋過去分詞〉の語順にする。

④ (1)過去の文。be 動詞は was。(2)否定文は were のあとに not。短縮形は weren't。

No. 43 注意すべき受け身の文

① (1) be (2) in (3) at (4) to

② (1) was named (2) be seen

③ (1) What is the place called by them?

ANSWERS

(2) What is that bridge made of?

④ (1) The mountains are covered with snow.

(2) This bike [bicycle] was given to me by my uncle.

解説 ❶ (1)「彼女の写真はたくさんの人に見られるでしょう」。助動詞つきの受け身の文は〈助動詞＋ be ＋過去分詞〉の形。(2) be interested in ～で「～に興味がある」。(3) be surprised at ～で「～に驚く」。(4) be known to ～で「～に知られている」。

❷ (2)〈助動詞＋ be ＋過去分詞〉の形。

❸ (1) What が文頭で，そのあとは〈is ＋主語＋過去分詞〉と受け身の疑問文の語順。(2)「～でできている」は be made of ～。「～」の部分が疑問詞の what で文頭に出るので，of は文尾に残ることに注意。

❹ (1) be covered with ～ で「～におおわれている」。(2)〈物＋ was given to ＋人〉の形。「(物)は(人)にゆずられた」。

No. 44 あいづち・体調をたずねるなど

❶ (1) did you (2) Much better
(3) didn't you (4) That's too bad

❷ (1) What's wrong / have a
(2) How [What] about
(3) What, think (4) How cute
(5) all right / have, cold

解説 ❶ (1)一般動詞の過去の文を受けて，「そうでしたか」とあいづちを打つときには〈Did ＋主語?〉。(3)「～しましたよね」と念を押すときは，〈否定の短縮形＋主語?〉をつける。

❷ (1)体調を気づかうときは，What's wrong? や What's the matter? を使う。また，What happened? としてもよい。I have a ～. の形で体の不調を答える。(3)「どう思いますか」は，what を使う。(4)〈How ＋形容詞!〉は感嘆や驚きを表す。

No. 45 ていねいなお願い・道案内など

❶ (1) ウ (2) イ (3) ウ

❷ (1) looking for / turn, at
(2) along [down], see [find], on
(3) I'm sorry (4) May [Can] I

解説 ❶ (1) ウ Would you like to ～? は「～しませんか」と意向をたずねるていねいな表現。(2)「～してくれませんか」は Could [Would] you ～? でていねいに表せる。(3) Could [Would] you tell me the way to ～? は道をていねいにたずねる表現。

❷ (1) look for ～ は「～を探す」。(2)「あなたの右[左]手に」は on your right[left]。(3)断るときには，I'm sorry, … を使う。(4)「～してもいいですか」は May[Can] I ～? を使う。

No. 46 電話・買い物など

❶ (1) try, on (2) just looking
(3) too (4) have (5) out
(6) What's

❷ (1) help / looking for / How much
(2) speak [talk] / Speaking
(3) Is / Wait [Just] (4) Here

解説 ❶ (1)～(3)買い物で使う表現。(4)(5)電話で使う表現。(6)入国審査で使われる表現。

❷ (1)買い物の場面。May[Can] I help you? は店員が最初に客に言う決まった表現。(2)(3)電話での対話。「～さんをお願いします」は，May [Can] I speak[talk] to ～, please? や Is ～ there, please? などを使う。(4)物を手渡すときは，Here you are. や Here it is. と言う。

No. 47 総復習テスト①

❶ (1) using (2) visit (3) to play
(4) bigger (5) have to

❷ (1) イ (2) ウ (3) ア

❸ (1) not as young as my father

ANSWERS

(2) doesn't have to clean her room today

(3) I don't know where to go.

④ (1) Are there　(2) won't

　(3) how to　(4) Which, or

⑤ (1) were watching, when

　(2) mustn't play　(3) as, as

　(4) didn't look　(5) made / did

　(6) that, wants to

⑥ (1) I'll [I will] give you something to wear.

　(2) I'll [I will] help you if you're [you are] busy tomorrow.

（解説）❶ (1)過去進行形の疑問文。(2) be going to のあとは**動詞の原形**。(4)比較級の文に。(5) will のあとに must は使えないので，**have to** にする。
❷ (2)be 動詞の文なので，Oh, was it? が適切。
❸ (1)*A* is not as ~ as *B*. で「**A は B ほど~ではない**」。(2)don't[doesn't] have to ~ で「~しなくてもよい」。(3) where to ~ で「どこで[へ]~すべきか」。
❹ (1)答えの文から Are there ~? に。(4)「A と B ではどちらがより好きか」に。
❺ (1)「~のとき」は接続詞 when。(2)禁止を表すときは，must の否定形を使う。(4)「~に見える」は〈look +形容詞〉。(5)疑問詞 who が主語の一般動詞の疑問文。〈人 + do[does, did].〉で答える。
❻ (1)〈give +人+物〉の文に。「何か着るもの」は something to wear。(2) if ~ の文中では未来のことも**現在形**で表す。If you're[you are] busy tomorrow, I'll help you. でもよい。

No.48 総復習テスト②

❶ (1) bought　(2) better　(3) taking

　(4) earliest　(5) seeing

❷ (1) must　(2) will　(3) May　(4) Shall

❸ (1) don't have　(2) When did

　(3) it was

❹ (1) is taking　(2) between, and

(3) is, going to / She's

(4) Why / Because　(5) wrong / have

⑤ (1) I'm going to see Ken

　(2) I think we should study harder.

⑥ (1) This book is the most useful of the three.

　(2) This room is used by (the) students every day.

　(3) It is difficult [hard] for me to speak English.

（解説）❶ (2) good は **better − best** と不規則に変化する。(4)前に the があるので最上級に。(5) look forward to ~ で「~を楽しみに待つ」。この to のあとの動詞は動名詞に。
❷ (1)「~しなければならない」は must。(2)「~になるだろう」は will be ~。(3)「~してもいいですか」は May I ~?(4)「~しましょうか」は Shall I ~?
❸ (1) have to ~ の否定は「~しなくてもよい」。(2)時をたずねる疑問文に。(3)受け身の疑問文。答えの文でも be 動詞を使う。
❹ (3)空所の数から **be going to** ~ の文に。(4)「~だから」と理由を答えるときは **because**。
❺ (1)「~するつもりだ」は be going to ~。(2)「私は~と思う」は **I think (that)** ~. で表す。should は「~すべきだ」の意味の助動詞。
❻ (1) useful の最上級は前に most を置く。(2)現在の受け身の文。〈**be 動詞+過去分詞**〉の形。(3)〈**It is … for A to ~.**〉で「**A にとって~すること は…だ**」。